KB198729

공자가
인생에
답하다

공자가 인생에 답하다

고전에서 건져 올린
삶의 지혜

한민
글 · 사진

사람이 사는 건 다르지 않다

〈논어〉는 공자와 제자들의 대화를 기록한 책이다. 물론 후세 유가들이 변조하고 조작한 혐의는 있지만, 그래도 본래 유교의 소박한 모습을 그대로 간직하고 있는 책이다. 그래서 많은 사람들이 이 책을 사랑하고 또 사랑한다. 훗날 유가가 실질적인 정권을 잡으며 예교와 신분에 얽매이고, 허황된 세계관에 사로잡히며 변질했지만, 그 옛날 〈논어〉에서 보여주는 세계는 그야말로 사람 사이 날것의 이야기였기에 울림이 컸다.

그래서일까? 지금의 독서 시장에도 수많은 〈논어〉 이야기가 존재한다. 전통적인 고전어 학자의 해석을 비롯해, 전문가는 아니지만 새로운 해석을 내놓기도 하고, 여러 분야의 사람이 자신의 심득을 가지고 새로이 해석하기도 한다. 그것은 이 〈논어〉가 그리스 '소크라테스의 대화'처럼 어렵지 않고 지혜를 밝혀주는 내용이기에 그럴 것이다.

그렇지만 〈논어〉는 지금의 언어가 아닌 춘추 시대의 고전어로 쓰인 것이어서, 후세에도 그 내용을 이해하는 데 어려움이 있었으며, 여러 유학자가 이를 주석을 달아 해석해 왔다. 더군다나 당시 한자가 지녔던 고유의 의미를 풀어 해설해야 하고, 전국시대와 한나라 때 유학자들이 변조한 부분도 고증을 통해 밝혀야 하는 문제가 있다.

따라서 한문을 꽤 안다고 해서 자신만의 해석을 할 수 있는 것은 아니고, 여러 학자의 주석을 섭렵해 자신이 받아들이는 해석을 갖는 데는 엄청난 공력이 든다. 왜냐하면 대단한 학자의 주석이라도 틀린 이야기가 꽤 있기 때문이다. 가끔 어설픈 한자 실력으로 자신만의 해석을 시도하는 아마추어를 볼 수 있는데, 이런 내용은 〈논어〉 이해에 결코 도움이 되지 않는다.

바로 이런 면에서 이 책 최대의 장점은 어설픈 한자

실력을 바탕으로 한 자신만의 해석을 시도하지 않고, 믿을 만한 전문가의 번역을 기초로 삼았음이다. 곧 번역은 남의 번역이지만, 그 내용을 읽으며 남긴 심득心得인 셈이다.

그런데 많은 〈논어〉 관련 책들에서 이 심득이 타인을 향한 것인 경우가 많다. 그렇지만 〈논어〉를 읽는 목적은 이를 잣대로 다른 사람을 가르치려는 것보다 자신을 되돌아보고 반성하여 스스로 허물을 깨닫고 고치는 일이다. 그러니 〈논어〉를 읽은 심득은 가장 먼저 자신을 향해야지, 남과 사회를 향한 것이어서는 안 된다. 그런데 많은 사람들은 〈논어〉를 읽고 자신이 공자가 되려 한다.

그러나 이 책 저자의 심득은 글의 뜻에 비추어 늘 자기 자신을 반성하는 방향을 기본으로 하고 있다. 이런 지향이 오히려 가르침을 강조하는 것보다 설득력이 있다.

이 책에는 〈논어〉 중심이기는 하지만 그 이외의 책도 간간이 섞여 있다. 같은 유가인 〈맹자〉와 〈주역〉도 있지만, 유가와는 다른 입장인 노자의 글까지 있다. 이것은 필자가 그저 한 취향으로 〈논어〉만 읽은 것이 아니라는 것이다. 그보다는 전반적인 고전에 자신의 현재 모습을 비추어 보는 노력을 기울였다는 뜻이다.

중국의 춘추전국시대는 기존의 질서가 무너지고, 나라 사이에 전쟁은 빈발하고, 사회에 협잡과 속임수가 넘쳐나고, 제후와 신하는 반목하고 불신하며, 인간성도 같이 무너진 시기이다. 지금처럼 자본주의의 무한 경쟁으로 혼잡한 시대와 여러 면에서 공통점이 많다. 이런 세상에서 나 자신을 지키기 위해서는 이 책의 필자처럼 옛 고전을 거울로 삼는 것이 아주 좋은 선택임은 의심할 필요가 없을 듯하다.

고봉산을 바라보며

장인용(고전 vs 고전 저자)

萬國都城如蟻垤 千家豪傑等醢鷄 一窓明月淸虛枕 無限松風韻

不齊 만국도성여의질 천가호걸등혜계 일창명월청허침 무한송풍운부제

눈을 뜨면 발가락 너머로 바라보이는 액자에 담긴 글자들이다. 휴정 서산대사의 시. 두어 번 먹을 듬뿍 묻혀 행서로 갈겨 내린 글자들이어서 어찌 보면 외계어 같다.

오래 전에 글씨를 배워볼까 싶어 서예 교실을 찾았다가 '거의' 떠넘겨 받은 커다란 액자에 담긴 시구詩句들! 처음엔 '이게 뭐야' 싶었는데, 자꾸 보고 씹고 삭이다 보니 마치 좌우명처럼 내게 붙었다.

'만국도성이라 해봐야 개미 굴, 수많은 호걸들은 초파리와 다름없구나. 달빛 비쳐드는 방에 누워 소나무 숲을 스쳐가는 바람 소리를 듣는다.'

내 멋대로 해석해서 듣는다.

호연지기의 기운을 풍기는가 싶다가, 초탈한 도인의 선문답을 듣는가 싶다가, 공자 방귀뀌는 소리인가 싶기도 하다. 그러다… 문득문득 우리네 삶에서 흔히 만나는 마음들이 거기에 있음이 느껴진다.

석가의 말도, 공자의 말도 다르지 않으리라.

내가 공자를 알겠는가?

부처를 알겠는가.

더 해서 사람이 사는 길을 알겠는가.

그래서 늘 움켜쥐고 있어야 하는 건 배우는 것, 그것이다.

우리 삶은, 백 년을 넘지 못하는데, 공자는 3천 년을 살고 있다! 육신은 100년을 견디지 못하지만 3천 년의 소멸을 건너는 힘. 곧 참 진리의 힘이 아닐까?' 하는 생각이 들었다. 진리만이 살아남는, 시간을 초월한 세상이고 아마 삶의 진리가 거기에 있기 때문이었으리라.

『논어』를 모르는 사람은 없다. 오히려 진부하게 느껴지고 낡아빠져서 제대로 읽는 사람이 적다. 하나마나 한 도덕

교과서를 읽는 느낌을 받는 것이다.

　진리의 힘, 도는 오랜 세월을 두고 한 뼘씩 자라나는 것. 그래서 어렵다. 그럼에도 문득 마주 대한 한 문장이, 한 글자가 그동안 살아왔던 그 시간을 돌아보게 하고 후려쳐 잠에서 깨어나도록 한다면, 부처의 말씀에 말없이 웃으며 가섭이 꽃을 들었던 것처럼 한순간 나 자신을 바꾸게 될 수도 있지 않을까?

　진리는 늘 가까운 곳에 있다.
　어느 날 문득, 아무런 울림도 주지 못하던, 구질구질해 보이던 고전 속 한 문장이 새롭게 다가왔다면, 나는 삶을 이해할 준비가 되어 있다.
　그러나 고전이 아무리 진리를 말하고 인간 삶의 핵심을 찌른들, 문득 깨달아 행동으로 이어져 나서지 않는다면 그저 무의미한 글자의 나열에 불과할 뿐이겠다. 그래서 공자는 '학이시습'이라 했다. 배워서 알게 되었으면 몸에 붙여서 습관으로 굳어져야 한다는 말. 행동하지 않는 양심은 양심이 없는 것이나 마찬가지인 게다.

불책소인과 不責小人過.

혹시라도 이 글들을 읽는 동안 고개가 갸웃거려지거나 반감이라도 느껴지신다면 용서하시라. 글은 소통을 위한 것이므로 더불어 이야기할 수 있는 이들과 서로 소통의 도구로 삼고자 블로그에 쓰기 시작했던 글들인 탓이다. 혹은 스스로 배움의 자세를 잃지 않고자, 쓰는 동안만이라도 나 자신을 되돌아보는 기회로 삼고자 이 글들을 썼더랬다.

논어의 해석과 논지는 배병삼 선생님의『한글세대가 본 논어』를 기본으로 하되, 가끔 문장을 손보기는 하였다. 또한 신영복 선생님과 김경일 교수님의 책에서도 사고의 폭을 넓힐 수 있었고, 일부 인용하기도 했다. 직접 양해를 구해야 마땅한 일이지만 그러지 못했다. 다만 후인은 선인이 드리운 등불을 보고 뒤를 따를 뿐이라고 스스로 변명한다.

_ 한민 쓰다.

차례

추천사 004
머리글 008

和而不同 **화이부동** ———————————————— 017
두루 화합하되 소신만은 잃지 않기

過猶不及 **과유불급** ———————————————— 024
지나친 것은 미치지 못함과 같으니

易地思之 **역지사지** ———————————————— 032
처지를 바꿔 생각하기

患不知人 **환부지인** ———————————————— 038
남을 알지 못함을 근심한다

思無邪 **사무사** ———————————————————— 046
먼저 생각에 사특함이 없어야

繪事後素 **회사후소** ———————————————— 051
먼저 흰 바탕이 있어야 그림도 그릴 수 있지

千里繆從 一蹴差 **천리유종 일축차** —————— 058
천 리가 어긋나는 것도 한 발자국 차이에서

欲訥於言 而敏於行 **욕눌어언 이민어행** ——— 063
말은 천천히, 실천은 재빠르게

德不孤 必有鄰 **덕불고 필유린** —————— 068
덕은 외롭지 않다

朋友數 斯疎矣 **붕우삭 사소의** —————— 076
충고도 자주 하면 잔소리

力不足者 中道而廢 **역부족자 중도이폐** ————— 081
힘에 부친다는 건 달리다가 푹 쓰러지는 것

己欲立而立人 **기욕립이립인** —————— 087
제가 서고 싶으면 남도 세워주라

過則勿憚改 **과즉물탄개** —————— 091
잘못인줄 알면 고쳐야지

克己復禮 **극기복례** —————— 096
보편적 이치에 합당하게 행동하라

己所不欲 勿施於人 **기소불욕 물시어인** ————— 099
내가 원하지 않는 일을 남에게 하지 말라

不憂不懼 **불우불구** —————— 106
군자는 근심하지 않고 두려워하지 않는 존재

企者不立 **기자불립** —————— 110
발꿈치를 들고서는 오래 서지 못한다

行己有恥 **행기유치** ——————— 115
부끄러움을 안다

貧而無怨 **빈이무원** ——————— 119
가난해도 원망하지 않아

貞而不諒 **정이불량** ——————— 125
군자의 의리, 깡패의 의리

君子無所爭 **군자 무소쟁** ——————— 129
군자는 다투지 않느니

深厲淺揭 **심려천게** ——————— 133
일을 행함은 형편을 따라야

遠謀心慮 **원모심려** ——————— 137
계획은 원대하게 주의는 세밀하게

窮則通 **궁즉통** ——————— 144
궁하면 통하느니

幸災不仁 **행재불인** ——————— 149
사촌이 땅을 사면 배가 아픈가?

愛人, 知人 **애인, 지인** ——————————— 160
남을 생각하는 것이 곧 인

大成若缺 **대성약결** ——————————— 166
명필은 서툴게 보이기도 하느니

十目所視 **십목소시** ——————————— 172
하늘 아래 숨을 곳이 없음이여

一以貫之 **일이관지** ——————————— 177
나는 초지일관 하는 사람

君子而時中 **군사이시중** ——————————— 182
중용은 특수한 사람만의 전유물이 아니다

言顧行 行顧言 **언고행 행고언** ——————————— 182
말은 행동을 살피고

和而不流, 中立而不倚 **화이불류, 중립이불의** ——— 195
진정한 강함이란

꼬리말 204

和而不同
화이부동

『논어』「자로」

子曰 君子 和而不同, 小人 同而不和

자왈 군자 화이부동, 소인 동이불화

공자가 말했다.

"군자는 화합하되 같기를 요구하지 않고,

소인은 같아지길 요구하면서 화합하지 않느니."

두루 화합하되 소신만은 잃지 않기

'화和'는 다름을 인정하는 것이고 '동同'은 네 편 내 편을 갈라 패거리를 짓는 것이다.

패를 갈라 내 편은 무조건 옳고 네 편은 무조건 나쁘다는 게 공자가 말하는 '동이불화'요, 네 편 내 편을 갈라 오락가락하는 대신 옳고 그름을 분별해 자신의 소신을 지켜야 한다는 것이 화이부동和而不同이다.

공자가 살던 시대는 혼탁했고, 그래서 의로움보다는 이익에 따라 이합집산 하는 이들이 대부분이었다. 공자가 '극기복례克己復禮'를 내세우며 사사로운 욕심을 극복하고 예禮로 돌아가자고 주장했던 것은 그가 살던 시대사적인 흐름에서 사람들에게 울리는 경종이었을 것이다.

'군자는 화이부동和而不同 하고 소인은 동이불화同而不和 한다.'

가만히 생각해 보면, 이보다 인간관계의 핵심을 찌르는 말도 없는 것 같다. 언뜻 생각하면, 술에 물탄 듯 회색인간이 되라는 말처럼 듣게 될 위험도 있겠으나 공자가 그리 말했을 리는 없을 것이다. 핵심은 진리의 편에 서라는 말씀이 아닐까.

'화和'는 나와 다른 것을 존중하고 배려하나 '동同'은 내 편이 아니면 적이다. 그래서 내 편이 아닌 사람이 하는 말은 배척한다. 흔한 말로 진영논리가 여기에 해당되지 않을까 싶다. 옳은 의견도 다른 편에서 나오면 비난하고, 그른 말도 내 편에서 나오면 편을 드는 것. 흔히 보는 풍경이지 않은가. 윤석열 검찰총장이 청문회에서 수세에 몰렸을 때 편을 들었던 진보진영들이 상황이 바뀌어 그 일에 대해 비판하면 입을 꾹 다물 수밖에 없었던 이유가 여기에 있다. 팔은 안으로 굽는다는 말이 있지만 이제라도 내가 서 있는 위치가 아니라 무엇이 옳은 길이고 상대의 말에도 귀담아 들을 만한 점은 없는지 잘 읽고자 애써야 하지 않을까 싶다.

공자는 군자와 소인을 대비시켜 군자로서의 태도가 인간이 추구해야 할 덕목임을 강조했다.

'군자는 권세가 생기면 덕을 어떻게 베풀까를 고민하고, 소인은 권세가 생기면 권력을 어떻게 휘두를까를 생각한다.'
'군자는 곤궁함을 굳게 견디지만, 소인은 곤궁해지면 나쁜 짓을 생각한다.'
'군자는 두루 어울리되 편파적인 패거리를 짓지 않는데, 소인은 편파적인 패거리를 지을 뿐 두루 어울려 살지 않는다.'

곰팡이 핀 진부한 말에 불과하다고 이맛살을 찌푸리는 사람들이 있을 수도 있겠다. 누가 이런 진리의 말을 알지 못할까. 그래서 늘, 아는 것과 행동으로 드러나는 것은 전혀 다른 문제인 것이겠다.

사실 다른 사람들과 조화를 이뤄 살아가면서도 자신의 뜻을 잃지 않는다는 게 어디 쉬운 일이겠는가. 하다 못해 죽을 만큼 사랑해 결혼했음에도 '성격차이'로 그 외나무다리에서 떨어진다. 지난한 일이다. 그래서 '화이부동'한 사람은 '군자'라고 하는 것이다.

군자君子! 최고의 인격자를 이르는 말. 수 천 년 동안 살아남은 경구에는 그만한 이유가 있을 것이다. 시대나 상황을 떠나 언제나 인간 삶을 꿰뚫는 진리가 그 속에 존재하고 있기 때문이겠다.

화이부동.

내가 가슴 깊이 품고 살아가야 할 단 네 글자다.

내 의견만을 내세우면 소통이 막혀 독불장군이 되기 쉽고, 소신을 잃으면 부화뇌동 하거나 눈앞의 이익을 따라 패거리를 짓고 아첨하게 될 것이다. 그러니 이 네 글자를 붙잡고 살아간다면 인간관계에서 자신의 의지를 지키며, 두루 화합하며 살아갈 방편이 되지 않을 것인가.

물이 바다에 이르는 것은 유연하게 돌아갈 줄 아는 때문이지만 본성을 거슬러 가는 길을 포기하는 일 또한 없다. 사람 살아가는 이치 또한 다르지 않으리라. 지나치게 강직해서 오히려 뜻을 이루지 못하고 목숨까지 꺾이고 만 사람들이 그 얼마고, 권력에 욕심을 부리고 이익에 얽매여 이리저리 시세에 영합하다가 패망하는 이들은 또 얼마겠는가.

원만한 인간관계를 맺으면서도 소신을 잃고 이리저리 휩쓸리지 않음은 눈앞의 이익에 급급하지 않음이며, 감정에 휘둘리지 않고 중심을 잃지 않음에서 비롯된다. 이는 뜻이 곧아 불의를 따르지 않음이며, 바라보는 곳이 원대하므로 사소한 일로 네 편 내 편을 갈라 적을 만들지 않음이다.

그럼에도 늘 눈앞에 놓여 있는 작은 이권에 휘둘리는 게 인간이기도 하다. 아파트 위층에서 '쿵쿵' 발걸음 소리를 낸다고 쫓아가 싸워대는 게 우리네 보통사람들이다.

하지만 거기에 머물러서는 안 되지 않을까. 우리는

수 만 년 진화해 이 땅의 주인을 자처하는 '폼 나는' 인간이 아닌가.

　화이부동은 '중용'을 말한다. 치우치지 않음. 어렵고 어렵지만 할 수만 있다면 그 누구로부터도 사랑받을 수 있는 사람이 될 수 있지 않을까 생각하면서 새삼 내가 살아가고 있는 모습을 반추해 본다.

過猶不及
과유불급

『논어』 「선진」

子貢 問師與商也 孰賢,

子曰 師也 過 商也 不及, 曰 然則師愈與, 子曰 過猶不及

자공 문사여상야 숙현,

자왈 사야 과 상야불급, 왈 연즉사유여, 자왈 과유불급

자공이 선생님께 여쭈었다.

"자장(師)과 자하(商) 가운데 누가 더 나은지요?"

공자가 말했다.

"자장은 지나치고 자하는 미치지 못한다."

자공이 다시 물었다.

"그러면 자장이 나은 것입니까?"

공자가 말했다.

"지나침은 미치지 못한 것과 같은 것이니.

지나친 것은 미치지 못함과 같으니

흔히 과유불급이라 함은 "지나침은 오히려 모자람만 못하다." 라는 뜻으로 사용하는 경우가 많다. 하지만 같지 않다. 과유불급은 "지나친 것과 미치지 못하는 것은 같다"는 중용을 일컬음이니까.

공자와 자공의 대화에 등장하는 사師는 자장子張의 본명, 상商은 자하子夏의 본명이다. 이 두 사람을 두고 주자는 이렇게 평했다고 한다.

"자장은 재주가 높고 뜻이 컸으나 지나치게 어려운 것을 애써 즐겨하였으므로 매양 중中을 지나쳤다. 자하는 독실하게 믿고 삼가며 지켰으나 규모가 잘고 좁

아서 매양 미치지 못하였다."

자공이 자장과 자하를 지목해 평을 해달라고 하였던 것은 그만큼 자장과 자하의 성격과 학문 방향이 많이 달랐기 때문이었을 것이다.

다이어트가 뭇사람들의 주 관심사가 된 지 이미 오래다. 겉모습을 중하게 여기는 흐름에서 비롯된 일이겠으되 살집이 통통한 사람들을 아름답다고 생각했던 시절도 있었고 보면, 조변석개하는 것이 본디 사람이 지닌 본성인지도 모를 일이겠다.

어찌 되었거나 영양실조든 영양과잉이든 모두 건강하지 않은 불균형의 상태를 의미한다. 그럼에도 한쪽에서는 살을 빼는 데 몰두하고 다른 한편에선 맛집을 탐방하거나 온갖 보양식을 찾아 걸음이 분주한 모습들을 보노라니 문득 아이러니한 느낌이 들지 않을 수 없기도 하다.

노자는 "가득 찬 것은 가득 차지 않게 하는 것만 못하다"고 하였다. 『사기史記』에서도 "귀한 것이 위로 극에 달하면 도리어 천해지고, 천한 것이 아래로 극에 달하면 도리어 귀해진다"고 했다. 모두 지나침을 경계하는 말들이다. 건강을 위해 시작했던 운동이 지나쳐 오히려 건강을 해치는 경우도 가끔 보노라니 고개가 끄덕여지기 마련이다.

'만족할 줄 알면 욕을 당하지 아니하고 멈출 줄 알면 위태로움에 빠지지 않는다'는 성인의 가르침을 늘 잊고 살았다. 역사책 켜켜 속에서 수없이 등장하는 이와 같은 교훈을 보면서도 고치지 못하는 건 어쩌면 나만은 그렇게 되지 않을 것이라는 오만함 때문이었을 것이다.

그러나 신이 내 편일 것이라는 생각은 늘 착각이었다. 젊고 건강할 때, 나만은 아프지 않고 나만은 죽지 않을 거라는 생각을 해왔던 것처럼.

'지나치게 가진 것과 부족한 것은 같다'고 말하면 공감하는 사람들이 있을까? '웃기는 개소리' 정도로 비웃음을 사기 쉬울 것이다. 우리는 '많이, 더 많이' 소유하는 것이 전부라는 이데올로기의 '세례'를 받고 살아온 존재들이니까.

하지만 우리는 보고 있다. 수 천 년을 쓰고도 남을 재물을 쥐고도 더 욕심을 부리다가 비참 지경을 당하는 사람, 어마 무시한 권력을 쥐고도 더 큰 권력을 탐하다가 고꾸라지는 사람들. 꼬리가 몸통을 흔드는 모습, 역사책을 뒤지면 흔히 볼 수 있는 모습이다.

지금도 벌어지고 있는 현상이다.

5년 권력을 쥐고서도 마치 5만 년 권력이라도 쥔 듯 뻐기고 휘두르기도 한다. 과거의 정권이 걸었던 패망의 길을 아무렇지도 않게 그대로 답습한다. 아니 과함을 지나쳐 정신머리가 있는가 싶을 지경이다. 권력에 취해 오히려 권력에 허기가 진 것처럼 보인다.

과함과 부족함은 같다. 아니 과하게 가졌을 때 가져오는 화가 더 크다. 부족하면 그저 배가 좀 고플 뿐이겠으나 지나치게 가져 소유에 휘둘리게 되고, 오히려 더 더 더 갖기 위해 탐욕을 내니 그 화가 삶까지 파괴한다. 오랜 진리를 생각도 못하는 어리석음이 아닌가.

사실, 나라고 해서 다를 일이 없겠다. 오늘까지 살아 오는 동안 크든 작든 그런 멍청한 짓을 어디 한두 번 했을까.

주식투자 책을 뒤적이다 보면 이런 말이 있다.

'무릎에서 사고 어깨에서 팔라.'

그런데 문제는 '과하고 부족함'의 기준을 내 잣대를 가지고 정한다는 데 있기 때문은 아닐까. '어디가 무릎 이고 어디가 어깨인가.' 그 기준은 내가 어떤 생각을 가 지고 살아갈 것인지에 대한 성찰에서부터 시작될 것이 다. 물론 이것도 내가 가진 잣대 중 하나일 테지만.

공자가 인생에 답하다

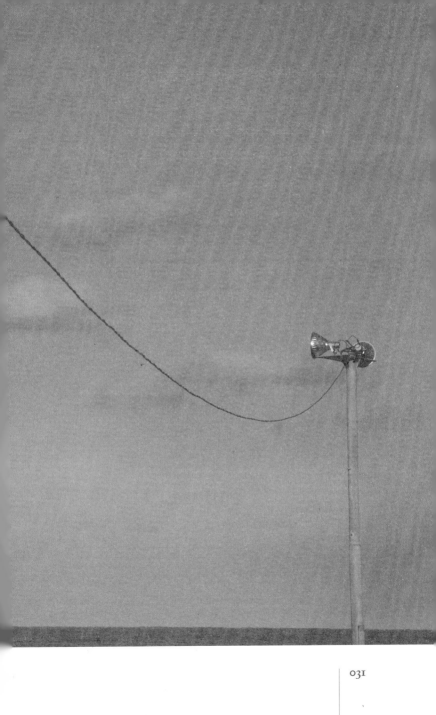

易地思之
역지사지

『맹자』「이루」

禹稷顔回 同道, 禹稷顔子 易地則皆然

우직안회 동도, 우직안자 역지즉개연

우와 후직, 안회는

모두 같은 길을 가는 사람으로

서로의 처지가 바뀌었더라도

모두 같게 행동했을 것이다.

처지를 바꿔 생각하기

맹자는 치수에 성공한 우禹, 농업의 신 후직后稷, 공자의 제자 안회顔回를 같은 길을 가는 사람으로 평가하면서 "안회도 태평성대에 살았다면 우임금이나 후직처럼 행동했을 것이며, 우임금과 후직도 난세에 살았다면 안회처럼 행동했을 것이다. 처지가 바뀌면 모두 그러했을 것이다."라고 하였는데, 역지사지는 이 말의 '역지즉개연易地則皆然'에서 나온 말이다.

역지사지.
"처지를 바꾸어 놓아도 모두 그렇게 하였을 것이다."
단 네 글자뿐이지만 매우 어려운 일이기도 하다.

역지사지는 공자의 서恕와 뜻이 닿는 말이기도 하다.

자공이 물었다.

"평생을 지니고 다닐 한마디가 있다면 무엇이겠습니까?"

공자가 말했다.

"그것은 서恕이다. 네가 원하지 않는 바는 남에게도 행하지 말라는 것이다.己所不欲 勿施於人"

'서'는 상대의 처지를 헤아리는 마음이다. 성경에도 이와 같은 말이 있으니 동서양 가림 없는 진리가 되리라.

"남에게 대접받고자 하는 대로 너희도 남을 대접하라."

어떤 노래였던가. '입장 바꿔 생각해 봐…' 라는 노랫말이 생각난다. 실상 주변에서 서로 다툼을 벌이다가 가장 흔하게 꺼내는 게 이런 말이기도 하다. 맹자로부터 말을 빌려오지 않더라도 이미 모두가 당연하게 여긴다.

하지만 현실을 사는 나는 어떠했던가. 가장 지키지

않았던 말이었다. 네 생각은 알 거 없고, 일단 내 말을 듣고 따르라고 강요했던 적이 많았다. 내 말을 들으라고, 내 생각이 옳다고 상대를 윽박질렀다. 결국 아무도 내 마음으로 듣는 사람이 없었다. 내 생각만 고집할 때 일어나는 건 갈등과 싸움뿐이었다.

텔레비전 채널을 넘기다가 우연히 〈이혼숙려 캠프〉라는 예능 프로그램이라는 걸 보고는 문득 이런 생각이 들었다.

'저들은 역지사지라는 말을 한 번이라도 생각하면서 살았을까?'

그들에겐 오직 상대에 대한 불합리함과 악의, 자신의 정당함에 대한 확신 같은 것으로 똘똘 뭉쳐져 있었다. 모든 상황의 중심이 자신에 맞춰져 있으니 애초에 다른 사람의 생각이나 처지에 눈을 둘 여유 같은 게 있을 리 없었다. 그래서 그들은 관찰카메라 동영상을 통해 자신도 모르고 있던 자신의 행동, 상대를 역지사지의 눈으로 보면서 새로운 생각의 지평을 열게 된다. 아마 고전이라는 거울을 자주 들여다 봐야 하는 이유도 이와 같지 않을까?

세상의 모든 싸움, 다툼은 결국 '나'를 중심에 두고 생각하고 행동하기 때문이다. 어찌 보면 당연한 일인데, 상대도 그러하니 생겨나는 상황이란 게 뼈다귀를 두고 다투는 개와 같은 꼴이 된다.

처지를 바꾸어 보면 결국 같은 것을 추구하면서도 서로 다른 것으로 착각하여 싸우는 경우가 많았다는 걸 시간 속에서 깨닫게 된다.

그러하다. 지리산을 오르는 길은 많지만 결국 그 길들이 천왕봉에서 모이는 것처럼, 같은 목표를 두고도 말이 다르고 방법이 달라서 동료를 적으로 돌리기도 했었다. 그러함에도 늘 느지막이 깨달아 후회하곤 했다. 이젠 아니어야 한다.

'입장 바꿔 생각해 보라'는 말은 인간관계의 핵심이지만 사실, 늘 잊고 사는 말이기도 하다.

상대를 대함에 있어 역지사지의 마음으로 나를 대하고 말하며 대접하는 사람을 어찌 좋아하지 않을 수 있겠는가. 그래서 '아첨'과 '역지사지'의 말은 한 끗 차이로 갈라지기도 한다.

아는 것은 중요치 않다. 언제나 핵심은 실천이다. 언제는 우리가 몰라서 하지 않았던가. 만 권의 책을 읽어도 다만 머릿속에만 머물러 있다면 무슨 소용인가.

患不知人
환부지인

『논어』「학이」

子曰 不患人之不己知, 患不知人也

자왈 불환인지불기지, 환부지인야

남이 나를 알아주지 않음을 걱정하지 말고,

내가 남을 알지 못함을 걱정하라.

남을 알지 못함을 근심한다

'남을 알지 못함을 근심해야 한다'는 말은, 배우고 익히는 호학好學의 길에 언제라도 주변에 있어 배울 수 있었던 스승을 놓쳐서는 안 된다는 의미다. 공자는 앞서 『논어』「술이」편에서 "세 사람이 길을 가면 그 중에는 반드시 나의 스승이 있다.三人之行, 必有餓師"고 했는데, 이와 상통하는 말이라 할 수 있다.

늘 바란다, 다른 사람이 나를 알아주고 인정해 주었으면 하고.
하지만 나는 남이 알아주는 사람이 되기 위해 얼마나 노력했던가. 스스로 해야 할 일은 버려두고 욕망만

키우니 현실이 괴로웠다.

나를 알아주지 않는다고 서운해 하고 불만을 가질 일이 아니었다. 내 주변에 있는 사람들로부터 배울 점을 찾아 내 삶에 녹여야 했다. 내 삶도 제대로 닦지 못해 허덕이면서 다른 사람의 시선을 의식할 겨를이 어디 있었겠는가. 그래서 공자는 가까이 있는 사표師表를 무심히 하여 배움의 기회를 놓치는 걸 안타까워했던 건 아니었을까? 지나치게 자존自尊이 강하면 아무것도 배우지 못할 것이기 때문이다.

하지만 우리는 대개 다른 사람들에 대해 알지 못하는 것을 생각하지 않는다. 세상 중심에는 내가 있고, 세상 모든 것은 다 참아도 무시당하고 살 수는 없는 게다.

조폭 영화에서 늘 나오는 대사가 있다.

"너, 내가 누군지 알아?"

그러하다. 깡패조차 그러하다.

'너, 내가 누군지 알아?'

그런데, 대부분 그런 대사를 치는 캐릭터의 앞에 다

가오는 운명은 비참하다. 하필이면 주인공에게 던지는 대사이기 때문이다. 감히!

상대를 아는 건 먼저 자신을 아는 것이다. 내 능력, 위치, 처지, 상황을 알고 있어야 한다. 그런데, 사실 그런가?

『손자병법』에 있다.

'적을 알면 백 번 싸워도 위태롭지 않다.'

상대를 이해해야 한다는 말이겠다. 상대가 어찌 생각하는지, 어떻게 행동할 수밖에 없는지, 나와 상대를 동일시해서 사고해야 한다는 의미다. 즉 입장을 바꿔 생각하는 역지사지와 다르지 않은 말일 것이다.

큰 성공을 거둔 이들의 이야기를 가만히 들여다 보면 공통점이 하나 있다. 사람을 보는 눈이다. 잠재돼 있는 한 인간의 힘을 꿰뚫어보는 눈이 그들의 성공을 이끄는 진정한 능력은 아니었을까? 그러니 유비는 제갈량을 얻고자 세 번 초막을 찾고, 유방은 장량을 얻어 천하를 제패한 것이 아니겠는가.

배우고 익히는 길에 혹시라도 주변의 스승을 놓쳐서

는 안 된다고 공자는 말한다. 삶은 배움에서 시작해 배움으로 끝나는 길. 남이 나를 알아주지 않을까 안달하는 태도로는 아무것도 배울 수 없다고 했다.

다른 사람이 가지고 있는 본받을 만한 점을 찾아 끊임없이 자신을 갈고 닦는 이들은 결국 이룬다. 자신만의 길을 가는 사람은 남이 알아주지 않더라도 상관하지 않으니까. 그들은 묵묵히 자신의 길을 걸어감으로써 결국 빛나는 사람들이니까.

다른 사람들의 시선과 평가에 급급하다 보면 긴 호흡으로 자신의 길을 갈 수 없다. 우리는 묵묵히 하나의 목표를 이뤄낸 이들의 모습을 보면서도 순간순간 고개를 끄덕이다가 잊는다.

내 삶과 그들의 삶은 다른가?

남이 나를 알아주지 않아 마음이 끓어오르는 것이 아니라 내가 사랑하는 사람, 더불어 긴 시간을 함께 해야 하는 동료, 벗에 대해 혹여나 내가 알지 못하고 있는 무엇이 있는 것은 아닌지 마음을 열어 생각하고 생각하고 애써보는 것이 백 배는 나을 것이다.

환부지인.

이 말에는 '남을 잘 알지 못하면 사람의 좋고 그름을 구별할 수 없어 어려움에 처할 수 있으니 상대가 누군지 잘 알아야 한다'는 의미로 해석하는 분들도 많다. 당연한 해석이지만 여기서는 조금 다르게 읽고 싶다. 남을 알기 전에 먼저 나를 먼저 알자고.

나는, 나를 아는가?

공자가 인생에 답하다

思無邪
사무사

『논어』「위정」

子曰 詩三百, 一言以蔽之, 曰 思無邪

자왈 시삼백, 일언이폐지, 왈 사무사

공자가 말했다. 시 3백 편을 한마디로 요약하면,

'생각에 삿됨이 없다'는 것이다.

먼저 생각에 사특함이 없어야

'사무사思無邪'를 있는 그대로 풀이하자면 '생각이 순수하고 바르므로 사악함이 없다'는 의미다. 『시경』「노송魯頌」편에 나오는 말로, 공자가 『논어』「위정」편에서 『시경』에 실린 305편의 시들을 한마디로 요약해 평하고 있는 것이다.

『시경詩經』은 중국 고대 주周나라 때 여러 제후국의 시가를 모아 놓은 시가총집으로 이 속에는 남녀 사이의 사랑, 임금(나라)에 대한 찬양, 자연에 대한 묘사들이 다양하게 펼쳐진다.

이 『시경』제4장에는 노나라 제후인 희공僖公이 말을

잘 기르는 것을 칭송하여 "말을 기를 때 생각에 삿됨이 없었으니, 말이 잘 자라서 힘차게 내달렸다네."라고 읊은 시가 있는데, 여기에 나오는 '생각에 삿됨이 없다.'라는 말이 곧 '사무사思無邪'다. 말을 기를 때에도 사악한 생각을 하지 않아야 명마로 자라듯 모든 일은 사악한 꼼수를 부리지 않아야 제대로 이루어진다는 뜻을 담은 시라는 것이다.

퇴계 이황은 사무사의 뜻을 풀어 "생각에 사특함이 없게 한다"면서 수양을 통해 '사무사'를 이룰 수 있음을 강조했다. 또한 율곡 이이는 『격몽요결』에서 "사무사와 무불경毋不敬(마음과 몸이 공경하지 않음이 없다)은 벽에 걸어두고 늘 잊지 말아야 한다"고 가르쳤으며, 어린 임금 단종이 '사무사'의 뜻을 묻자 박팽년은 "생각에 사사로움이 없는 바른 마음을 일컫는 것입니다. 임금의 마음이 바르면 모든 사물에서 바름을 얻을 것입니다."라고 대답한다. 즉 임금의 마음이 바르지 않으면 백성이 따르지 않는다는 경고인 것이다. 한마디로 삿됨이 없어야 한다는 말이다.

생각의 바탕에 순수하고 바름이 있어야 감동을 주고 사람으로 하여금 느껴서 움직이게 만든다.

꾸며진 시에는 감동이 없고, 진솔한 감정이 들어 있지 않은 노래는 생기가 없다. 거짓 없는, 꾸밈없는 진실한 마음 하나가 사람을 움직인다.

공자가 『시경』에 실린 시 3백 편에 삿됨이 없다고 한 것은 즐거움이나 슬픔 같은 인간의 솔직한 감정이 거짓되거나 과장되지 않아 억눌린 마음을 풀어주고 다른 이에게 감동을 준다는 뜻이다. 지극히 사사로운 감정을 노래한 것이지만 그것이 자기 자신에게만 머물지 않고 다른 이들과 감응하고 소통한다는 점이다

마음속에 어떤 의도를 숨긴 채 상대에게 애써 영합하여 말하거나 글을 짓는 일로는 사람을 움직이게 하기 어렵다. 사람들은 말과 글 이전에 이미 느껴 안다. 나 스스로의 말과 글에 도취해 단 한 사람도 공감하지 못하게 했던 적은 또 얼마나 많았던가. 아니, 지금 이 글을 쓰면서도 그러하고 있지는 않은가, 두려운 일이다.

가만히 생각해 본다. 누군가를 만나면서 그로부터 어떤 이익을 취할 수 있을 것인지부터 생각하며 사람을 대하지는 않았는지. 아마도 적지 않을 것이다.

하지만 그래서는 안 되는 것이었다.

꼼수를 숨김없을 때 비로소 사람을 움직인다. 삿됨을 감추고 매끄러운 말로 현혹한들 곧 드러난다. 잠시 감출 수 있어도 오래 가지 못한다. 하지만 꼼수를 부리고 인심을 현혹해 이익을 취하고자 하는 것들이 이젠 현명한 처세가 되었다.

사람이 사는 틀은 견고한 것 같아도 무너지기 쉽고, 한 번 무너지면 다시 세우기가 쉽지 않다. 그래서 사무사, 세 글자가 더욱 소중하게 느껴지는 시대이기도 하다.

차제에 요즘 뜨고 있다는 노래 가사들도 좀 들여다봐야 할까?

繪事後素
회사후소

『논어』「팔일」

子夏問 "巧笑倩兮, 美目盼兮, 素以爲絢兮, 何謂也?"

자하문 "교소천혜, 미목반혜, 소이위현혜 하위야?"

자하가 여쭈었다.

"어여쁜 웃음에 살풋한 보조개여, 예쁜 눈에 까만 눈동자여,

흰 바탕이라야 문채가 더하네."라 하였는데, 무슨 뜻인지요?

子曰 "繪事後素"

자왈 "회사후소"

공자가 말했다.

"그림을 그리는 것은 바탕이 이뤄진 다음이라는 것이지."

먼저 흰 바탕이 있어야
그림도 그릴 수 있지

그림을 그리고자 하면 먼저 흰 종이가 있어야 한다. 바탕이 제대로 된 다음의 일이라는 것, 즉 예술적인 기예는 인격이 닦인 다음의 일이라는 의미다. 기예보다는 인격을 닦는 일이 먼저라는 것은 사람으로서의 품성이 먼저 닦이지 않는다면, 아무리 뛰어난 능력이 있더라도 쓸데없는 노릇이기 때문이다. 오히려 그 재능이 세상에 해를 끼치기 쉽다는 가르침이다.

자하는 스승의 말을 받아 "예가 나중이라는 말씀이로군요?"라고 다시 물었는데, 이는 예를 나중으로 돌린다면 앞세워야 할 것은 사람다움, 즉 인仁이라는 말이다. 사람이 되어 있지 않은데, 아무리 뛰어난 문재文才

를 갖추고 있거나 예술적 재능이 넘친들 다 허망할 뿐이라는 말이 된다.

공자는 자하의 질문에 이렇게 되묻는다.

"사람으로서 인仁하지 않다면 예禮는 무엇할 것이며, 사람으로서 인仁하지 않다면 악樂은 무엇할 것인가?"

먼저 인간다움을 회복하고 갖추라는 공자의 말은 재물이 인간의 길보다 한참이나 앞선 시대를 살아가다 보니 이미 희미해지고 진부해진 말이며, 그만큼 절실한 말이기도 하다.

공자와 자하의 대화에서 핵심은 미美의 형식과 내용에 관한 담론이라고 할 수 있다. 바탕(素)의 의미는 인간적 품성을 뜻한다. 품성은 인간관계 속에서 나타나는 것이다.

가끔 예술적 능력과 업적에 비해 인품을 갖추지 못해 논란의 대상이 되는 인물들을 허다하게 본다. 엄청난 인기를 누리다가 거기에 취해 한 번에 무너지는 연예인들은 그 얼마고, 평론가들의 찬사를 받으며 문명을 높였으되 사람됨이 화두가 되어 알 만한 사람들은

다 손가락질을 하는 이들은 또 그 얼만가. 하다못해 가장 순수하다고 믿어왔던 시와 시인의 품성 사이에 괴리가 있는 경우도 허다하다. 시가 인간 삶의 본질을 드러내는 것에서 가치를 찾을 수 있다면, 삶과 괴리된 시가 무슨 가치가 있겠는가. 그저 하찮은 글 장난에 불과하지 않은가.

뛰어난 재주에만 환호하고 주목하는 시대다. '천재'라는 수사가 넘치는 걸 보면 한 사람이 품고 있는 '품격'보다는 드러나는 '재주'에 더욱 열광하는 시대인 것만은 분명한 것 같다. 어디 예술적 재능에 그칠까? 수십 년 전에 다녔던 학교, 수십 년 전에 치렀던 고시에서 '소년급제'를 했다는 훈장 하나로 어깨에 힘을 잔뜩주고 다니는 사람들도 드물지 않다.

노래를 하고, 춤을 추는 일로 어린 시절에 이미 대중으로부터 떠받들림으로 생을 꾸려가는 이들이 한순간 나락으로 떨어지는 모습도 본다. 바탕이 마련되지 않은 그림이기 때문이다. 삶을 이해하지 못하는 과정에서 쌓은 성공은 불안하다. 그들에게는 사람을 알고 이해할 시간이 부족했기 때문이다. 그래서 공자는 그림을 그리기 위해서는 먼저 바탕이 마련되어 있어야 한다고 한 것이다.

왜, 천 년의 왕국이 존재하지 않을까. 후계자 교육에 대한 투자가 만만치도 않을 것인데.

왜, 잘나가던 거대 기업이 몇 대 가지 못해 쓰러질까? 세상 유명하다는 학교에 보내 공부를 시키건만.

그만큼 바탕을 쌓는 것이 어렵기 때문이다. 사람으로서의 바탕을 구축하는 게 쉽지 않음이다.

뛰어난 재주, 재능은 분명 소중한 자산이다. 그래서 그 재능을 제대로 꽃피우기 위해서는 먼저 인간으로서의 품성이라는 바탕이 마련되어야 하는 것이다. 먼저 인간으로서의 바탕을 갖춰야 하는 것이다.

"먼저 인간이 되어라!"라는 한때의 유행어에서 사람이 살아가는 지혜의 한 조각을 찾는다.

공자가 인생에 답하다

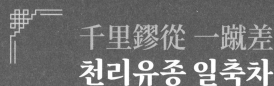 

千里鏐從 一蹴差
천리유종 일축차

화담 서경덕은

'有人讀南華經以時云之_{유인독남화경이시운지}' 라는

시를 지어

"잘못을 깨달았으면 곧바로 고쳐야 한다"고

노래했다.

천 리가 어긋나는 것도
한 발자국 차이에서

화담 서경덕은 시를 지어 노래했다.

'천 리가 어긋나는 것도 한 발자국의 차이에서 비롯된다.'

흔히 하는 말로 잠시 넋을 놓으면 돌이킬 수 없는 길로 빠져들어갈 수 있음을 경고하는 말이겠다.

살아가다 보면 아무리 조심하고 조심한다고 해도 잘못된 길로 들어서게 되는 일이 흔하다. 나와 같은 평범한 자들이 늘 저지르며 사는 게 그런 일이다.

인간으로서 실수는 어쩔 수 없다. 하지만 길을 잘못 들었음을 알게 되었을 때 어떤 태도를 지니느냐가 우리 삶의 길을 결정하게 될 수도 있음이다. 사소한 잘못이라도 처음부터 바로잡지 않으면 나중엔 돌이킬 수 없는 지경에 빠지게 된다.

사소한 거짓말이 큰 거짓말을 낳고 파멸 지경에 빠지는 것도 '이 정도는 괜찮아' 하면서 나 자신을 너그럽게 대하는 데서 시작된다. 살아가는 동안 흔하게 겪는 일이다. 그래서 늘 잊고 사는 일이기도 하다.

길을 잘못 들었다는 걸 깨달았다면 곧장 바로 잡을 일이다. 잘못되었음을 알면서도 머뭇거리면서 끌려간다면 점점 더 멀어질 뿐이다.

'지금 알고 있는 것을 그때 알았더라면….'
'그때로 다시 돌아갈 수만 있다면….'

얼마나 자주 이런 후회를 해 왔던가. 그래서 사람이기도 하다.

하지만 이미 늦었다고 생각하고 잘못된 길을 계속 가는 사람과 잘못을 바로잡으려 애쓰는 사람은 전혀 다른 결과와 마주하기 마련이다. 늦었다고 생각할 때가 가장 빠를 때라는 말이 있고, 포기해 버렸던 그 순간이 또 다른 후회로 다가올 것이기 때문이다.

멀리 보고, 지금의 생각과 행동이 미래의 내 운명에 어떤 영향을 끼칠 것인지 신중하게 생각하면서 행동하는 사람은 후회할 일이 적을 것이다.

쉽지 않은 일이다.

그래서 운명은, 잘못을 알면서도 상황에 떠밀려 잘못된 길을 계속 갈 것인지, 아니면 올바른 길로 방향을 바꾸려는 노력을 해나갈 것인가 하는 일에서 갈라지는 게 아닐까?

나 자신을 포함해 빤히 보이는 결말을 보면서도 지금 입에 넣는 달콤함을 뿌리치지 못하는 이들이 많다. 아주 많다. 아니, 당연하다.

가령 나와 마찬가지로, 술을 마시고 담배를 피우는 게 해롭다는 걸 누가 모를까. 이토록 작은 욕망들과 한 나라를 쥐고 흔들다 패망하는 욕망이 다를까?

늘 한 걸음이다. 꿀처럼 달달한 길인가, 쓰디 쓴 인내를 필요로 하는 길인가.

옛 사람들의 이야기를 들으며 느끼게 되는 하나의

화두는 이것이다. '내가 선택하는 길이 인간의 길인가?' 그 하나에 달려 있다. 그러니 곰곰이 생각해 봐야 할 것 같다.

"이제 내 삶을 결정하게 될 갈림길에서 어떤 선택을 할 것인가. 숨이 꼴깍 넘어가는 순간, '나는 후회 없이 살았나?' 라는 질문에 어떤 답을 하면서 세상을 떠날 것인가."

삶의 길에는 늘 선택지가 있고, 그 중 하나를 선택해 길을 간다.

'나는 어떤 길을 가고자 하는가. 아니, 지금 가고 있는 길이 조금 엇나가고 있다는 생각이 들었다면 어찌 할 것인가.'

엇나가는 길은 열심히 걸을수록 멀어지고 멀어진다.

欲訥於言 而敏於行
욕눌어언 이민어행

『논어』「이인」

子曰, 君子 欲訥於言 而敏於行

자왈 군자 욕눌어언 이민어행

군자는 말은 어눌하고 행동은 민첩하게 하느니.

말은 천천히, 실천은 재빠르게

말이 많으면 실수가 있게 마련이다. 공자께서는 달변을 좋아하지 않았다. 그래서 말은 어눌한 듯 천천히 신중히 하고 한번 토해낸 말에 대해서는 분명하고 확실하게 행하라고 가르쳤다.

군자가 말을 더디 하고자 함은 먼저 실천을 생각하기 때문이다. 함부로 말하기는 쉬우나 실천하기는 어렵다. 고로 신중하고 신중해서 말을 더디 하고자 함이다. 말을 앞세우는 사람, 말이 빠른 사람은 자기의 말을 실천할 것을 생각하지 않기 때문이다.

말이 빠르고 실천이 따르지 않으면 아무도 나를 신뢰하지 않는다. 공자가 지극히 혐오했던 것 또한 말만

번지르르 한 것이었다. 그래서 공자는 말은 더듬거리 듯 신중하게 하고 실천은 오히려 머뭇거리지 않아서 말과 행동이 균형을 이뤄야 한다고 가르친 것이다.

 말은 세상을 살아가는 데 있어 핵심이 되는 도구다. 말을 잘하는 사람이 성공하는 시대이고 보니 말을 잘 하는 사람이 늘 부러웠다. 술자리에서 멋진 건배사로 좌중의 분위기를 띄우는 지인들을 보면서도 부러웠는 데, 청산유수로 대중의 마음을 들었다 놨다 하는 이들 의 말솜씨야 말해 무엇 하겠는가. 곤란한 질문을 받고 서도 기상천외한 말로써 자신의 논리를 펼쳐 상황을 뒤집는 이들의 언변은 감탄스럽고 부럽다. 나중에 생 각해 보면 궤변에 불과했던 말들에 자신도 모르게 빨 려들곤 했던 경험도 있었다.
 하지만 그 매끄러운 언변 또한 알맹이가 부실하고 평소의 행동과 어긋나면 공염불이다. 오래지 않아 허 풍쟁이로 떨어지고 말 것이니 경계할 일이다.

 사실 말을 잘한다는 것은 유창한 언변만을 일컬어

말하는 건 아닐 게다. 김대중 전 대통령은 말솜씨 좋기로 유명했지만 그건 말 속에 들어 있는 내용 때문이었지, 잘 구르는 세 치 혓바닥의 움직임 때문은 아니었다. 그의 발음은 듣기에 썩 좋지도 않았고, 청산유수처럼 유장하지도 않았다. 그럼에도 그는 말을 잘하는 대표적인 인물로 늘 꼽혔다. 남북문제를 풀어가는 데 결정적인 역할을 했던 임동원 전 통일부장관은 이념적 진영으로서 보자면 김대중 대통령과 반대편에 속해 있었음에도 몇 시간 독대를 하며 대화를 나눈 뒤 마음을 바꿔 김대중의 통일 전도사가 되었다는 비사를 책을 통해 밝히기도 했다. 매끄러운 혀가 아니라 논리가 정연해 설득력이 있고, 진심을 잘 전달할 수 있었기 때문이리라. 기품이 있는 사람은 언행이 일치하는 법이다.

모둠살이에 필수적인 말, 제대로 할 수 있었으면 좋겠다. 유재석처럼 말하기에 능수능란할 필요까지는 없지만 해야 할 말과 하지 말아야 하는 말 정도는 분별하고, 말이 앞서 난처한 지경에 빠지는 일만은 피해야겠다.

하지만 단순히 말을 줄이고 생각을 행동으로 옮기는 것보다 더 중요한 것이 있다. 입을 열어 말을 해야 할 때가 있고 삼가야 할 때가 있다. 즉 나아가고 물러나야 할 때를 알고 따르는 것이다. 이것이 더 차원 높은 실천이기 때문이다. 현실 속에서 진퇴進退의 때를 몰라 덮어놓고 버티다가 말로가 비루해지는 모습을 드물지 않게 볼 수 있지 않은가.

장자의 말이 문득 생각난다.

"잘 짖는다고 좋은 개가 아니요, 말을 잘 한다고 현명한 사람이 아니다."

德不孤 必有鄰
덕불고 필유린

『논어』「이인」

子曰 德不孤 必有鄰

자왈 덕불고 필유린

공자가 말했다.

"덕은 외롭지 않다. 반드시 이웃이 있게 마련이다."

덕은 외롭지 않다

『주역』에 '덕을 쌓은 집안에는 반드시 넘치는 경사가 있으리라.積德之家 必有餘慶' 라는 말이 있다.

'덕은 다른 이들에 대한 배려와 스스로 사양하는 행위를 실천케 하는 힘을 이르는 말이다.' 라는 배병삼 선생의 해석이 있고, 공자는 덕德을 인仁 · 의義 · 예禮 · 지智 · 신信 · 자慈 · 우友 · 공恭 · 효孝 · 용勇이라는 열 개의 글자로 설명했다. '덕이 있는 사람'이라는 말은 흔하게 오고 가는 말이지만 결코 그 기준이 만만치 않음을 알 수 있지 않은가.

『배려』라는 제목을 달고 출간된 책이 베스트셀러에

올랐던 적이 있다. 인간관계에서 '배려'라는 덕목이 그만큼 중요하다는 걸 인식하게 되었기 때문일 것이다.

덕은 바로 배려의 다른 이름이기도 하다. 스스로를 사양하는 마음이다. 타인을 배려할 줄 아는 사람에게, 스스로 사양해서 자신을 내세우지 않는 사람에게, 사람의 마음이 모이는 건 당연하다. 그래서 용장과 지장 위에 덕장을 꼽아 놓는다. 조직원의 형편과 마음을 배려할 줄 아는 리더를 가진 조직은 강할 수밖에 없기 때문이다.

배려는 거대담론이 아니다. 진리가 늘 평범하고 가까운 곳에 있듯 배려하는 마음은 동료 인간을 인정하는 데서 나온다. 내 이익만큼이나 다른 이들의 이익 또한 소중하다는 인식, 배려는 바로 그 자리에서 나온다. 사람을 대함에 이익으로 대하면 겉으로는 따르는 척 하지만 원망이 쌓이기 마련이고 덕으로 사람을 대하는 이에게 마음이 모이기 마련인 것은 인지상정인 것이다.

굳이 역사를 들춰보지 않아도 사람의 마음을 얻은

이들이 성공을 거머쥐었다는 것을 누가 모르랴. 사람의 마음을 얻는 일, 언제나 진심어린 마음이 그 바탕을 이룸에서 나온다.

덕을 베푸는 것은 더불어 산다는 의미이기도 하다. 자기만을 생각하는 사람이 덕을 베풀겠는가? 덕은 자기가 가진 것을 가지고 나누는 것이므로 명품으로 온몸을 감싸고 나타나 '나를 알아달라고'고 소리치는 이들과는 다른 존재이기 때문이다. 이익을 위해 모여든 이들을 진정한 벗이라 할 수 없고, 돈이 있다고, 권력이 있다고 몰려와 아첨하는 이들이 내 사람일 수는 없다. 그들은 내가 가진 조건이 사라지면 신기루처럼 사라질 허망한 존재들이기 때문이다.

덕은 우리가 더불어 살아갈 수밖에 없음을 인정하고 받아들임에서 쌓인다. 이로 하여 비로소 외로움(孤)에서 벗어날 수 있다. 친밀하게 지내는 좋은 이웃을 얻는 방법은 그 이웃이 아니라 내게 있으며, 좋은 친구를 만들 수 있는 것 또한 내게 달렸다. 직장에서 상사나 동료로부터 사랑받는 존재가 되고 싶다면, 그것도 내게 달렸다.

지금 외로운가? 그것도 내 주변의 환경이 아니라 내 마음 쏨에 있었던 건 아닌지 되돌아 보아야 하리라. 지금까지 세상의 모든 기준을 내게만 두고 있었다면 이제는 다른 사람들 역시 함께 살아가야 할 존재로서 그 울타리 안에 포함시켜야 할 일이다.

'나이 50에 이르기까지 성실하게 살았다면 노후를 걱정하지 않아도 된다'는 옛말이 있다. 그동안 쌓아온 좋은 인간관계가 안전망이 된다는 말이겠다. 성실하게 덕을 쌓으며 삶을 보내는 것이 꼭이나 나중을 염려하고 보은을 받고자 함은 아니겠으나 실상은 그렇게 흘러간다는 것이다. 콩을 심으면 콩이 나고 악을 심었는데 선이 날 리가 없는 것처럼.

무릇 사람을 대함에 있어서 힘으로, 돈으로, 아니면 그 무엇으로든 누르고 굴복시켜 따르게 하는 이들이 있다. 잠시 따른다 한들 끝까지 그러할까? 누른 자의 힘이 빠진다 싶으면 뒤통수를 치고 옆구리를 쑤시기 마련이다. 직장에서 윗사람이라 하여 기분 내키는 대로 괴

롭혔더니 나중에 더 큰 힘을 가진 존재로 나타나 곤경에 빠지는 소설이나 드라마도 흔하다. 삶이란 그런 것이 아니던가.

작은 부분을 배려하고 중요하게 여기지 않으면서 어찌 중요한 일에서 남을 배려할까. 문 하나를 열어도 뒷사람을 돌아보고, 식당에 가서 음식 하나를 주문할 때도 함께 앉은 이의 생각을 배려해 생각한다면, 그것이 곧 덕을 쌓는 것은 아닐까?

이런 말이 있다.

'낯선 거리의 임자 없는 시체가 되지 마라.'

공자가 인생에 답하다

朋友數 斯疎矣
붕우삭 사소의

『논어』「이인」

子游曰 事君數 斯辱矣, 朋友數 斯疏矣.

자유왈 사군삭 사욕의, 붕우삭 사소의

자유가 말했다.

"임금을 섬김에 있어서 간언을 자주 하면

곧 욕을 당하게 되고,

친구와 사귐에 있어서 충고를 자주 하면

사이가 소원해지게 된다.

충고도 자주 하면 잔소리

군신君臣과 붕우朋友의 관계는 의리로義理로 맺어진 관계
다. 그러므로 그 전제가 망가지면 그 관계도 끝장이 난
다.

　충고忠告가 잦으면 험담으로 들려 감정을 다치게 하
고 결국 사이가 멀어진다. 벗을 인도함에 충고는 한두
번으로 족하다는 것이다. 즉 천륜天倫인 부자父子와 형제
兄弟는 감정이 상해도 회복이 가능하나 친구와 임금은
의리義理 관계이기 때문에 감정이 상하면 관계 회복이
어렵다는 이야기다.

　자신의 잘못을 자꾸 들춰내는 걸 달가워하는 이는

드물다. 거의 없다. 중국 역사에서 '정관의 치'로 불리는 태평성대를 열었던 현군 당태종조차 위징이 300번이나 "그것은 아니 되옵니다." 라고 외치며 간언을 하자 성질을 내며 "내 오늘은 기필코 위징을 죽이리라." 면서 분통을 터트린다. 물론 결국엔 위징의 간언을 받아들였지만 이는 당태종과 같은 현명하고 이성적인 사람이나 되었으니 할 수 있는 일이다.

'왜 나는 술자리에 앉으면 친구를 가르치려 들었던가?'

한때는 꽤나 고민스러웠던 일이기도 했다.

딴에는 술김에 친구를 위한답시고 조언을 늘어놓다 보면 곧 친구의 감정을 상하게 하기 십상이었다. 스스로 형편없이 부족한 놈이 남의 사소한 잘못은 참지 못하고 '지적질'을 해댔으니 그에게 달가웠을 리 없는 일이다.

사실 흔히 하고 있는 조언은 '내 생각이 옳다는 것에 바탕을 두고 내가 상대를 바꿀 수 있다'는 착각에서 일어난다. 자신도 모르게 자기 확신을 가지고 상대를 바꾸려 들었으니 좋은 결과를 가져오기는 애당초 불가한 일이었다.

　내가 저질렀던 멍청한 '지적질'은 생각보다 흔히 벌어지곤 하는 일이었다. 술자리가 난장판으로 끝나는 모습들도 가끔 보는 일이다. 술자리에서 친구에게 조언이랍시고 하는 일은 물론이거니와 가족 사이에 진심으로 걱정이 되어 해 주는 조언도 조심스럽기는 마찬가지일 것이다. 나를 위한 조언이 아니라 잔소리 혹은 간섭으로 받아들여지기 쉬운 일이기 때문이다.
　친구는 부모자식과 같은 천륜의 관계와 달라, 인륜으로 얽힌 존재여서 배짱이 틀어지면 그 관계도 끝난다. 그래서 '진심으로써 충고해서 깨우쳐 주고 잘 이끌어 주되, 아니다 싶으면 그만 두어야 한다'고 공자는 말하는 것이다.

　진정으로 충고하는데도 듣지 않으면 이미 서로 간에 뜻이 통하지 않는 것이다. 뜻이 다르면 이미 친구가 아니다. 옳은 길로 이끈답시고 길게 붙들어서 주먹다짐을 하고 욕을 자초할 필요가 없다. 물론 여기서 말하는 벗이란 동년배 친구나 학창시절의 친구를 말하지 않는다. 곧 도반이나 동지를 말하는 것이니, 뜻이 다르면 더불어 걸어갈 수 없는 것이다.

공자는 자공이 벗에 대해 묻자, "곡진하게 깨우쳐 주고 잘 이끌어 주되 '아니다' 싶으면 그만두는 관계"라 했다.

한 친구는 이런 말을 했는데, 왜인지 오래 기억에 남았다.

"점점 더 만날 수 없는 친구도, 갈 수 없는 술집도 늘어나는군."

力不足者 中道而廢
역부족자 중도이폐

『논어』「옹야」

冉求曰 非不說子之道 力不足也

子曰 力不足者 中道而廢 今女劃

염구왈 비불열자지도 역부족야

자왈 역부족자 중도이폐 금여획

염구가 말했다.

"선생님의 도를 좋아하지 않는 것은 아니건만 힘에 부칩니다."

공자가 말했다.

"힘에 부친다는 건, 중간에 그만두는 게 아니라

힘껏 길을 달리다가 쓰러지는 것이지.

그런데 지금 자네는 한계를 긋고 있구먼!"

힘에 부친다는 건 달리다가
푹 쓰러지는 것

노나라의 정치가 중 공자의 제자 염구가 있다. 다재다
능하지만 평소 배움을 게을리하였고, 훗날 백성의 세
금을 수탈하다가 공자로부터 파문을 당한 사람이다.
염유의 마음가짐은 벌써 호학好學을 위한 자세가 아니
라 자신이 가진 전문적인 기예(세무전문가)에 매몰된 '닫
힌 마음'의 징후를 보여주고 있는데, 여기서 호학好學이
라 함은 인仁을 실행하는 행위이며, 인을 체현한 인격
체가 군자다.

　죽을 만큼 힘들다는 말을 많이 한다.
　공자는 말한다. 엄살떨지 말라고.

"선생님의 길(道)을 따르고는 싶지만 힘에 부칩니다."

스승의 가르침을 실천하는 게 힘이 부친다는 제자 염유의 변명에 공자는 이렇게 쏘아붙였다. '힘에 부침은 힘껏 달리다가 더 달리지 못하고 푹 쓰러지는 거'라고.

『예기』에서 공자는 "시를 지은 이가 인仁을 좋아함이 이와 같구나! 도道를 향하여 걷다가 중도에서 쓰러지는 한이 있더라도 자신의 늙음도 잊은 채, 나이가 부족한 것조차 알지 못한 채 나날이 힘껏 부지런히 행하다가 죽은 후에야 그만두는 것이다."라고 했다.

『예기』에서 말한 중도이폐中道而廢에는 '죽은 후에야 그만 둔다'는 정신이 들어 있다. 우리가 흔히 말하는 '목숨걸고 하겠습니다' 하는 군인정신이랄까. 당연히, 그런 저급한 생각은 아니겠지만 선비로서의 신념 가득, 치열한 인간정신이다. 그러므로 공자는 역부족力不足을 핑계로 애초에 포기하는 것은 스스로 선을 긋고 한계를 지어 '넘어서야 할 상황'을 미리 포기하지 말라는 것이다.

염유는 공자가 10대 제자로 꼽았을 정도로 학문에 대한 열정이 부족한 사람은 아니었다. 그러나 그는 정무감각이 탁월해 노나라 대부의 반열에 올랐음에도 실제로는 나라와 백성의 이익보다는 자신의 주군인 계강자의 이익을 앞세웠으며, 입신출세를 위해 권력자에게 밉보일 만한 행동을 피한 현실주의자였다. 이에 공자의 도를 배워 좋아하기는 하지만 현실 정치에서는 실천에 옮기기 벅차다고 푸념한 것이고, 공자는 시도조차 해보지 않았으면서 왜 미리 포기하느냐고 질책한 것이다.

그러하다. 배워 익히고도 더불어 사는 세상에서 이루고자 실천하지 않는다면 대체 안다는 게 무슨 의미겠는가.

염유가 변명을 했듯 나 또한 그러하였다. 온힘을 다해 노력해 보지도 않았으면서 늘 힘들다고, 불가능하다고 미리 주저앉아 변명거리만 찾았던 적이 많았다.

이 일은 내가 할 수 없는 일, 하기 힘든 일이라고 변

명을 늘어놓고 도망치는 건 사실 힘에 부치는 게 아니
라 마음이 먼저 위축되어 '하지 않는 것'에 불과한 것
이었다.

길을 훤히 꿰고 있어도 나서지 않으면 한발자국도
가까워지지 않는다. 알면 행해야 하고, 하지 않는다면
도道든 뭐든 알고 있어 봐야 아무 소용도 없다. 만 권의
책을 읽어 알아도 책 속에서 얻은 지식과 지혜가 실천
되지 않으면 무슨 소용인가.

김대중 전 대통령은 "행동하지 않는 양심은 양심이
아니다."라는 유명한 말을 남겼다.

한 줄의 진리를 붙잡고 애써 실천하는 것이 오히려
귀하다. 남은 것은 발심發心이고, 그것을 밀고 가는 일
이다.

己欲立而立人
기욕립이립인

『논어』「옹야」

夫仁者 己欲立而立人, 己欲達而達人.

能近取譬, 可謂仁之方也已

부인자 기욕립이립인, 기욕달이달인.

능근취비, 가위인지방야이

대저 인이란 제가 서고 싶으면 남도 세워 주고,

제가 알고 싶으면 남도 깨우쳐 주는 것이지.

주변에서 능숙히 비유를 취할 수 있다면

인의 길에 접어들었다고 할 수 있을 것이다.

제가 서고 싶으면 남도 세워주라

자공이 "만일 널리 백성들에게 베풀어 많은 사람을 구
제할 수 있다면 어떻습니까. 인이라 있을는지요?"라고
묻자, 공자는 "어찌 인에 해당되는 일만이겠느냐? 반드
시 성聖에 속한 일인 것이다. 요순도 그렇게 하지 못함
을 병통으로 여겼다."라고 대답했다.

  공자는 인仁을 묻는 제자에게 말한다.
  "인이란 거창한 그 무엇에서 찾아야 할 것이 아니
요, 다른 사람을 대할 때 접어서 생각하는 데서 비롯
된다"고.
  공자의 제자 중에서 가장 부자였던 자공이 "제가 돈

이 많으니 그 돈으로 많은 사람들에게 은혜를 베풀어 잘 살게 해 준다면 그게 스승님이 늘 말씀하시는 인仁이겠습니까?"하고 물었고, 공자는 그런 일은 성군의 표상이라고 할 수 있는 요堯와 순舜도 힘들게 여겼던 일이라면서, 인을 실천할 수 있는 일을 가까운 데서 찾아보라고 말하는 것이다. 바로 "내가 서고자 하면 남을 세워 주고, 내가 출세하고 싶으면 남도 출세하게 해 주라"는 것이다.

남을 밟고 올라서지 못하면 내가 밑에 깔려 밟히는 냉혹하고도 치열한 경쟁이 벌어지고 있는 세상살이에서 공자의 말은 얼핏 진부한 헛소리처럼 들릴 수도 있다.

하지만 가만히 생각해 보라. 아무리 치열한 경쟁이 벌어지고 있는 현실 세계라 하더라도 주위 사람, 다른 사회와의 협력은 필수적인 요소라는 걸 누가 모르겠는가. 만약 자신만의 이익을 앞세우게 된다면 협력 관계는 물 건너가게 마련이다.

그럼에도 가장 이상과 현실이 괴리된 것 또한 이 말.

요즘의 흔한 세태에 따라 공자의 말을 뒤집어 보자.

"내가 서고자 하면 남을 세워 줘서는 안 된다."

이런 말이 될 게다.

이렇게 혼자서만 서고자 할 뿐 다른 사람의 처지를 돌아보지 않는다면, 한두 번은 성공을 거둘 수 있을 것이다. 하지만 이렇게 자기의 이익만 앞세우다 보면 지속적으로 협력하면서 상생할 수 있는 관계를 맺지 못하게 되고 결국 더 이상은 함께 일을 영위할 상대를 찾지 못하게 된다.

꼭이나 인을 따지고, 남에게 은혜를 베푸는 데 나서지 않는다 하더라도 욕을 듣기 싫으면 함부로 욕을 입에 담지 않을 것이고, 내가 하기 싫은 일은 남에게 강요하지 않을 것이다.

진리는 늘 멀리 있는 것이 아니요, 그 실천은 거창한 것에서 시작되지 않는다. 온 백성이 행복한 세상을 만들겠다는 공허한 구호가 아니라 곁에 있는 사람부터 행복하게 해 주라는 말인 셈이다. 말이 거창해지면 그 말은 생기를 잃기 쉽고 목표가 허황하면 한발자국도

움직일 수 없다.

　'물은 물이요, 산은 산'이란 성철스님의 유명한 화두
가 있다. 어쩌면 이런 화두를 던진 것도 도道가 어떤 위
대하고 먼 곳에서 찾아야 할 가치가 아니라 일상성으
로 돌아옴에 있음을 깨달았기 때문인지도 모르겠다.
　"대접받고 싶니? 그럼 먼저 대접해 줘!"

過則勿憚改
과즉물탄개

『논어』「학이」

君子不重, 則不威, 學則不固.

主忠信, 無友不如己者, 過則勿憚改

군자부중, 즉불위, 학즉불고.

주충신, 무우불여기자, 과즉물탄개

군자가 신중하지 않으면 위엄이 없고,

배워도 단단하지 않느니.

참됨과 신뢰를 가장 중요하게 여기며,

자기만 하지 않은 이를 벗하지 말고,

잘못한 것은 반드시 고쳐야 할 터.

잘못인줄 알면 고쳐야지

『논어』에서 리더십의 핵심을 짚고 있는 구절이라 할 수 있다. 리더십의 핵심은 위威이고, 위엄을 갖추기 위한 조건은 중重이다. 또한 다음 단락에 붙여지는 '무불여기자無不如己者'의 구절을 두고 '나만 못한 자를 벗 삼지 말며'라고 해석하는 글도 보았지만, 이는 지위나 부가 아니라 '나의 덕만 못한 자를 벗 삼지 말라'는 의미일 것이다. 즉 '나의 가치와 길이 다른 사람과 벗 삼지 말라'는 말이니 잘못을 알고도 고치지 않는다면 소인배라 할 것이고, 소인배는 더불어 뜻을 함께 할 사람이 아니라는 것이다. 즉 내 인간관계에서 배제하는 편이 나은 사람이다.

잘못을 인정하는 것도 쉽지 않은 일이고, 잘못임을 알아도 고치는 건 더욱 쉽지 않다. 쓸데없는 자존심이 발목을 잡는다. 잘못을 인정하자니 자존심이 상해 쓸데없는 고집을 세우다 작은 불이 튀어 큰 불로 번지곤 했다.

'쿨'하다는 표현이 있다. 잘못을 시원시원하게 인정하고 고치는 태도가 바로 '쿨'한 태도일 게다.

남들의 평가는 둘째 치고 잘못을 알면서도 고치지 않으면 그건 내 손해다. 잘못을 인정하고 반성함으로써 극복하지 않는 한 그 잘못으로부터 한 발자국도 더 나갈 수 없을 테니.

현실 세계는 그렇지 않다. 세상 사람들이 다 알고 있는 잘못, 비리를 저질러놓고도 어처구니 없는 변명, 물타기로 그저 당장의 곤경으로부터 벗어나려 하거나 반성하는 척 진정성 없는 사과로 위기를 넘기고자 하는 모습을 보곤 한다. 흔히 하는 말로 손바닥으로 하늘을 가리려 하니 점점 더 수렁 속으로 끌려들어갈 뿐이다.

'잘못을 알면 즉시 고치고자 하는 마음자세'를 갖춘

이라면 애초에 자신의 이익만 앞세우는 삿된 욕망에 빠질 턱도 없겠으니 공자의 이 말씀은 공허한가?

공자는 리더십의 요체로 '신중하고 무겁게 행동할 뿐 아니라 설혹 잘못을 저지르더라도 깨닫는 순간 즉시 고치려고 애쓰는 것'이라고 했다. 하긴 그런 사람이라면 누가 신뢰하지 않겠는가.

자기의 이익을 위해 사람들을 속이면서 그 잘못이 드러나면 온갖 거짓말로 상황을 모면하려는 사람들이 있다. 물 반 고기 반처럼 흔하다. 정치 뉴스를 잠깐만 보라. 그들만 그러할까? 나 또한 그러했던 적이 많았다. 그리곤 늘 후회했다. 그 순간은 모면할 수 있을지 모르지만 얼마나 가겠는가. 거짓말이 거짓말을 낳고 결국 만신창이가 되어 망신하는 이들을 얼마나 많이 보아왔던가.

잘못을 솔직히 인정하고 애써 고치려는 사람에게 끝내 돌을 던질 수는 없는 노릇이다. 설혹 잘못을 저질렀다 해도 솔직한 인정과 반성이 최선의 해결책이다. 오물을 덮어 놓는다고 냄새까지 가려지는 것은 아니므로.

克己復禮
극기복례

『논어』「안연」

顔淵問 仁, 子曰 克己復禮爲仁, 一日克己復禮.

天下歸仁焉, 爲仁由己, 而由人乎哉?

안연문 인, 자왈 극기복례위인, 일일극기복례.

천하귀인언, 위인유기, 이유인호재?

안연이 인을 여쭈었다.

공자가 말했다.

"극기복례 하면 인이 되는 게지. 어느 날 문득 저를 이겨 예로 돌아오

면, 온 천하가 인으로 귀의할 것이니 인이 저로부터 나오는 것이지 남

으로부터 나오는 것이겠느냐?"

보편적 이치에 합당하게 행동하라

'극기복례'는 보통 사욕을 뿌리치고 보편적 이치에 합당하게 행한다는 의미로 해석하고 있다.

이 말은 공자가 제자인 안연에게 인仁을 실현하는 방법을 설명한 것으로, 오늘날의 말로 바꾸어 말하면, 충동적이고 감성적인 자아를 의지로 극복하여 예법을 갖춘 교육적 인간상인 군자君子의 이상으로 돌아감을 일컫는다.

극기는 자기애의 껍질을 깨버리는 일이다. 나를 끌고 가는 욕망에서 벗어나는 일이다. 배병삼 교수는 자신을 향한 칼부림이라는 표현까지 쓴다. 그리하여 복례, 즉 사회적 역할과 자연적 본성을 되찾아가는 것이며 자신의 아집 속에 갇혀 있는 정신을 깨워 자유로워지는 행위다.

'극기'를 하지 못하는 사람이, 자신의 이익만을 앞세운 욕망에 휘둘리는 사람이, 참 사람의 구실을 할 리는 없다. 그는 자신이 속해 있는 사회 속에서 더불어 살아감으로써 화이부동하는 것이 아니라 구정물로 만드는 존재에 불과할 뿐이다. 틀에 갇힌 생각으로 자신의 이익에 걸림돌이 되는 사람들을 적으로 돌리고 제거하는 것이 삶의 목적이 되기 때문이다.

문득 '극기훈련'이란 말이 떠오른다. 허벅지가 쑤시고 어깨가 빠져나가는 느낌이 든다. 흔한 말이었다. 하지만 그건 껍데기의 일이다. 극기는 근육이 아니라 욕망으로 향하는 정신을 저며내는 일이다. 그리고 그런 과정을 통해 얻어지는 것은 남의 입장을 접어서 생각하는 것이고, 내가 해야 할 노릇을 제대로 하는 것이다. 그러니까 아비는 아비답고 자식은 자식답고 남편은 남편답고 아내는 아내다운 것이다. 그렇게 하면 결국 세상은 올곧을 것이라 말하는 것이다. 그저 헛말 하지 말고 헛짓거리 하지 말라는 게다. 보고 듣고 말하고 행동함에 있어서 이치에 어긋나는 것들은 칼로 저며내듯 모조리 잘라내라는 말이니 이 얼마나 무섭고도 어쩌면 당연한 일인가.

공자는 세상 모든 사람들이 늘 극기하고 복례하며 겸손함으로 상대를 배려하고 인정하며 사랑하는 세상을 꿈꿨다. 하지만 이기적인 욕심을 버리고 '복례'하는 것이 어디 쉬운 일인가? 밖에서 오는 욕망에 흔들리지 말고, 내 욕망을 남에게 강요하지도 말라는 간단한 한마디가 사실은 상대성이론을 익히는 것보다 더 어려울수도 있겠으니 극기복례의 실천 조목들을 보면 더욱 지난한 일인 것만 같다.

"예가 아니면 보지 않고(非禮勿視), 예가 아니면 듣지 않으며(非禮勿聽), 예가 아니면 말하지 않고(非禮勿言), 예가 아니면 움직이지 않는(非禮勿動)"것이 어찌 가벼운 일일까. 그래서 늘 염두에 두고 돌아보고 돌아보며 살아가야 하지 않을까 싶다.

己所不欲 勿施於人
기소불욕 물시어인

『논어』「안연」

仲弓問 仁, 子曰 出門如見大賓,

使民如承大祭. 己所不欲, 勿施於人. 在邦無怨, 在家無怨.

중궁문 인, 자왈 출문여견대빈, 사민여승대제.

기소불욕, 물시어인. 재방무원, 재가무원.

중궁이 인을 물었다.

공자가 말했다.

"문을 나서면 마치 큰 손님을 맞이하듯 하고, 백성을 부릴 적엔

큰 제사를 받들 듯 하여라. 그리고 저가 하고자 하지 않은 것을

남에게 베풀지 말아라. 그리하면 공무를 처리할 때에도

다른 사람의 원망이 없을 것이고, 집안에서도 또한 그러할 것이다."

내가 원하지 않는 일을
남에게 하지 말라

중궁은 공자가 "한 나라의 임금이 되기에 넉넉하다"고 칭찬했던 제자였다. 이런 중궁이 '인仁'을 물었으니, 공자는 '인의 정치론'으로 답을 내렸을 것이다. 공자는 '인의 정치'를 세 가지로 짚어 주고 있다.

첫째는 손님을 맞듯 조심스러운 태도이고, 둘째는 백성을 대함에 있어서는 제사를 지내듯 사소한 부분까지 세심한 주의를 기울여야 할 것이며, 셋째는 상대의 입장을 나의 것으로 '접어서 생각'하라는 것이다.

오늘날 한국 위정자들의 태도에 비춰 이 말들을 생각해 보면 지구와 달만큼이나 먼 이야기가 아닌가 싶다.

자공이 공자에게 평생토록 간직할 한마디를 물었을 때, 공자는 '서恕'라고 했다. '서恕'는 자기가 하고 싶지 않은 일을 남에게 하지 않는 것이다. 즉 통치자가 백성의 입장에서 생각하고, 정책을 집행하는 자세를 지적하는 것이다.

그러하다. 세상 일이 공자가 말하는 자격을 갖춘 리더에 의해 이루어진다면 무슨 시끄러운 일이 있을 것인가. 열에 아홉은 그 반대되는 자들이 권력을 쥐고 사욕으로 정책을 좌로 흔들고 우로 비트는 까닭이 아니겠나.

나랏일이야 멀고도 먼 곳에서 오가는지라, 공자의 말이 공감 가는 바도 적을 수 있겠다. 하지만 규모가 크든 적든 리더의 위치에 서게 될 수밖에 없는 것도 사람 일이다. 사장은 사장으로서, 팀장은 팀장으로서, 가장은 가장으로서.

리더의 첫 번째 덕목은 그 조직을 이루는 사람의 마음을 잡는 데 있다. 그래야 자신이 원하는 목표를 향해 그 조직의 에너지를 모을 수 있을 것이다. 이권으로 회유하거나 힘으로 눌러서 얻을 수 있는 협력은 그 한계가 명확하다. 그러니 공자는 정치의 요체를 앞에서 이야기한 세 가지 덕목으로 제시한 것이다.

세상의 모든 불화는 스스로를 앞세우는 데서 온다. 스스로를 앞세우고자 하니 다른 사람의 말을 막고, 자기 욕심을 먼저 채우려 하니 원망이 일어난다.

리더십과 인간관계에 대해 조언하는 수많은 책들이 있지만, 결국 핵심은 이 한마디다. 백 권의 책을 들추며 이리 저리 헤맬 것이 아니라 이 한마디를 가슴에 깊이 새겨 한 시라도 잊지 않는다면 원망은 사라지고 사람이 모일 것이다.

상대의 입장에서 생각해 주는 것!

모든 인간관계의 출발점이다. 내가 하기 싫은 것은 아이들도 하기 싫은 것이고, 내가 하기 싫은 것은 아내도, 남편도 하기 싫다. 내가 하기 싫은데 피 한 방울 섞이지 않은 후배들이 하고 싶어 할 턱이 없다. 남들이 나를 따돌린다고 생각하기 전에, 내가 그들의 입장이나 생각을 짚어 주었는지 먼저 돌아볼 일이다.

쉽지 않은 일이다. 자주 잊고, 자주 무시해버린다. 그래도 될 것 같다. 그럼에도 늘 염두에 두고 체화해야 할 말이다. 담배를 끊는 일은 어려운 일이지만 결국 끊는 사람이 있는 것처럼, 독한 결심만이 금연에 성공하는 것처럼, 질기게 집착해야 할 한마디가 있다면 바로 이 말이다.

"내가 하기 싫은 일이라면 남에게도 시키지 말라!"

아니, 적어도 남이 하는 일을 방해는 하지 말라.

공자가 인생에 답하다

不憂不懼
불우불구

『논어』「안연」

司馬牛問 君子, 子曰 君子不憂不懼.

曰 不憂不懼, 斯謂之君子矣乎? 子曰 內省不疚, 夫何憂何懼?

사마우문 군자, 자왈 군자불우불구.

왈 불우불구, 사위지군자의호? 자왈 내성불구, 부하우하구?

사마우가 군자를 여쭈었다.

공자가 말했다. "군자란 근심하지 않고 두려워하지 않는 존재지."

사마우가 말을 받아 여쭈었다.

"근심하지 않고 두려워하지 않기만 하면 곧 군자라는 말씀이십니까?"

공자가 말했다. "안으로 살펴 잘못이 없다면 대체 무얼 근심하고

또 무얼 두려워할 게 있단 말이냐!"

군자는 근심하지 않고
두려워하지 않는 존재

세상 모든 일에 대해 걱정하지 않고, 겁이 없어 용감하면 군자라고 공자는 말하고 있는 것일까? 그럴 리가.

'불우불구'는 어떤 일을 앞두고 걱정하고 두려워하지 않는 것이 아니라 삶을 살아가면서 늘 염려하고 삼가고 두려워하면서 살기 때문에 갑작스레 닥쳐드는 일에 더 이상 염려와 두려움이 없다는 뜻이다. 즉 군자는 살아가는 내내 두렵게 생각하고 삼가며 살아가는 존재라는 것이다.

공자는 근심과 두려움의 원인을 외부적인 것이 아니라 덕을 닦지 못한 내면에서 찾는 것이라 본다. 즉 자신을 성찰하는 것이다. 그래서 '안으로 살펴 잘못이 없다면 대체 무얼 근심하고 무얼 두려워하느냐?'고 묻는다.

이것은 곧 시인 윤동주가 '하늘을 우러러 한 점 부끄럼이 없기'를 스스로 다짐했듯 자신의 행실을 돌이켜 보아 부끄러움이 없도록, 사람과 세상에 해를 끼치는 행동을 하지 않고자 언제나 염려하고 언제나 두려워하며 살아가야 한다는 말이 된다. 근심과 두려움을 초월하라는 말이 아니라 스스로 늘 근신하라는 가르침이 된다.

세상살이에서 부닥치게 되는 온갖 근심과 미래에 대한 두려움으로 한순간도 마음이 평안할 날이 없다. 이런 마음 상태에서 벗어날 수 있을까. 단 하나의 길이 있다. 근심과 두려움의 근원은 밖에 있지 않다. 내 안에 있다는 각성이다.

마음이 싱숭생숭 흔들리고, 걱정스러워 밤잠을 설치는 날이 많다면, 이제 가만히 그 걱정과 고민, 두려움이 어디에서 비롯된 것인지 생각해 볼 일이다. 걱정하고 두려워하고 고민하는 에너지가 발전을 이루기도 한다.

단, 건강한 마음자리에서다. 대개의 걱정과 두려움은 우리를 뒤흔들지만 사실 아무런 실체도 없는 허깨비와 같은 경우가 대부분이다.

일상생활에서 늘 삼가고 두려워하며 살아가는 사람에게는 정작 두려운 상황이 벌어지지 않는다. '감히 누가 있어 내 앞길을 막을 것이냐?'며 하룻강아지처럼 겁 없이 세상을 우습게 여기며 좌충우돌하는 이들이야 말로 두려운 상황에 빠지는 걸 흔히 본다.

욕망에 휘둘리고 가볍게 처신해서 잘못을 저지르고도 스스로에게 관대하기까지 하다면 근심하고 두려워할 일 또한 많아진다. 힘이 있다고 고개를 빳빳이 세우던 이들이 아침이슬처럼 스러지는 일들을 꽤나 보다 보니 스스로 삼가게 된다.

企者不立
기자불립

『도덕경』제24장

企者不立 跨者不行

기자불립 과자불행

까치발로는 오래 못 서고,

가랑이를 한껏 벌려 걸으면 오래 갈 수 없다.

발꿈치를 들고서는
오래 서지 못한다

뒤처졌다고 생각하거나 변화를 따라가지 못한다는 생각이 들면 마음이 급해진다. 마음을 가라앉히고 앉아 상황을 숙고하는 대신 벌떡 일어선다. 일어서는 것만으로는 부족해 까치발을 들고 선다. 어떤가. 그렇게 목을 빳빳이 세워 멀리 보면 남들보다 앞서 저 앞에 펼쳐진 상황을 알아차릴 수 있지 않을까 생각하지만 결코 그런 자세로는 긴 호흡으로 버틸 수가 없다.

또 마음이 급해 보폭을 한껏 넓혀 한꺼번에 성큼성큼 걸어가려 해보자. 몇 걸음은 실제로 빨리 나아갈 수 있다. 하지만 계속 그렇게 걸어갈 수는 없다.

빨리 이루고자 서두르는 것은 뒤꿈치를 들고 종종걸

음을 치는 것과 그닥 다르지 않다. 그렇게 걸어서는 결코 오래 가지 못한다.

기자불립, 과자불행企者不立 跨者不行! 제 모습 그대로 살아가는 순리順理를 따르라 함이다. 물은 높은 곳에서 낮은 데로 흐르고, 꽃은 저절로 피어날 때를 안다. 봄이면 매화가 꽃망울을 터트리고 가을이면 코스모스가 꽃을 피운다. 순리를 따름이다.

까치발을 세워 멀리 볼 필요도 있고 큰 걸음으로 욕심을 낼 때도 있다. 하지만 가장 중요한 것은 바른 자세, 즉 기본에 충실해야 한다는 것이다. 무리하게 앞서려 하고 무리하게 일을 해결하려 하면서 온전한 결과를 얻기에 난망한 일이다.

누구나 자신이 가지고 있는 본래 모습보다 부풀리거나 포장을 하는 것은 당연하지만 시간이 흐르면 본색이 드러나고, 자신의 능력에 맞지 않는 과한 행동으로 일관하면 쉽게 지치기 마련이다.

『논어』에서도 자하가 거보 땅의 책임자가 되어 정치를 여쭙자, 공자는 이렇게 말했다.

"빨리 이루려고 서둘지 말고, 소소한 이익에 연연하지 말아라. 빨리 이루려고 서둘면 끝을 보지 못하고, 소소한 이익에 연연하면 큰일을 이루지 못 한다."

로또나 대박 신화 따위의 말들이 신문 한 귀퉁이에 실리는 것들을 본다. 굳이 신문을 들춰보지 않아도 한 방에 인생역전 하는 일들을 사람들은 꿈꾼다. 나 역시 수상한 꿈이라도 꾸면 '혹시나' 하고 몇 번 사보곤 하였다. 황홀한 일이긴 하다. 그런 횡재수를 굳이 마다할 사람이 누가 있겠는가. 다만 공자나 노자가 주는 가르침은 원리와 원칙에 기초하여 장기적 관점으로 쉼 없이 전진해 나가야 한다는 의미일 것이다.

실제로 세상은 만만치 않다. 노력 없이 얻어지는 것들은 거의 없다. 한 방 인생을 꿈꾸는 사람들이 늘 비루한 처지에서 빙빙 돌다가 사라지는 경우를 수없이 목격해 왔다.

사람마다 꿈꾸는 목표는 다를 수 있지만 꿈을 이루어가는 과정은 하나다. 목표를 놓치지 않고 그 목표에 도달하기 위해 끊임없이 노력하는 그 한 가지 인생 법칙.

노자의 가르침 그대로 빨리 가기 위해 발꿈치를 들고서는 오래 갈 수가 없다. 뛰는 자보다 걷는 자가 멀리 가는 법이다.

나처럼 재능이 뛰어나지 못한 사람이라면 더욱 소중히 간직해야 할 말이기도 하다. 뛰어난 재능을 가진 사람이 한 번에 하는 일이라면 나는 열 번 스무 번 노력하는 수밖에 도리가 없다. 재능을 타고 나는 일이야 마음 대로 할 수 없는 일이지만 노력하는 것만은 할 수 있는 일이므로.

그런데 사실 노력도 재능이다.

行己有恥
행기유치

『논어』「자로」

子貢問 曰 何如 斯可謂之士矣?

子曰 行己有恥, 使於四方 不辱君命, 可謂士矣.

자공문 왈 하여 사가위지사의?

자왈 행기유치, 사어사방 불욕군명, 가위사의.

자공이 물었다. "어찌해야 선비라 할 수 있는지요?"

공자가 말했다. "자기 행실을 부끄러워할 줄 알고, 외국에 사신으로 가

서 군주의 명을 욕되게 하지 않으면 선비라 할 만하다."

자기행동에
부끄러움을 안다

선비의 가장 중요한 미덕을 공자는 '행기유치行己有恥'라
말하고 있다. 이것은 곧 '자기반성'을 행할 줄 아는 인
간을 말한다. 자기 자신을 스스로 비춰볼 수 있는 마음
의 거울을 가진 존재를 일컬어 곧 선비라 하는 것이다.

　현실 정치인들이 보이는 일반적인 행태 중 하나는
부끄러움을 모른다는 것이다. 온 세상이 알고 있는 사
실도 거짓으로 변명하면서 얼굴색 하나 변하지 않는
다. 어쩌면 그것이 정치인이라는 이들이 가져야 할 자
질이기라도 한 것처럼.
　'부끄러움'을 아는 이는 혹여 실수를 할지언정 행동

거지에 있어서 신중할 수밖에 없다. 세상사람 그 누구
도 모를지라도 고요한 밤에 홀로 누움에 마음속에서
일어나는 부끄러움은 견딜 수 없는 것이기 때문이다.
우스개 말로 '이불킥'을 하게 되는 것이다.

거짓말을 눈 하나 깜짝하지 않고 늘어놓으면서도 부
끄러움을 모르는 이를 보면서 어떤 생각이 드시는지.
부끄러움을 아는 것은 인간 양심의 기본이다. 잘못
을 부끄러워할 줄 모르는 인간은 이미 인간이 아니다.
그것은 욕망이라는 말에 질질 끌려 다니는 고깃덩어리
에 불과하다.

잘못을 부끄러워할 줄 아는 사람은 실수를 하였다
하더라도 그 실수를 되풀이 하지 않는다. 하지만 부끄
러움을 모르는 자는 잘못이 드러나도 온갖 핑계를 대
며 상황을 모면하려 할 뿐 반성이 없다. 반성이 없으
니 같은 잘못을 반복한다. 때로는 그것을 세상을 살아
가는 현명함이라고 자신을 속이기까지 한다. 자랑삼아
말하는 자도 보았다.

그런 자들은 오히려 잘못을 부끄러워하는 선비들을 비웃고 능멸하면서 스스로 깨끗한 척 분장을 해보지만 거기에서 악취가 진동하는 것은 알지 못한다. 인간다운 아름다운 삶이 어떠한 것인지를 결코 알지 못한다.

사람을 사귀는 데 있어서는 물론이거니와 공직자를 뽑는 선거에서 표를 주는 단 하나의 기준이 있다면, 그건 바로 그가 염치를 아는 사람인지 그렇지 않은 사람인지 살펴보는 것은 아닐까.

나는 단언할 수 있다.

누군가 내게 묻기를 "친구로 사귈 수 없는 사람이 있다면 어떤 사람인가?" 라고 한다면, 나는 이렇게 답하겠다.

"후안무치, 부끄러움을 모르는 사람!"

貧而無怨
빈이무원

『논어』「헌문」

貧而無怨, 難, 富而無驕, 易.

빈이무원, 난, 부이무교, 역.

가난하면서 원망하지 않기는 어려워도,

넉넉하면서 뻐기지 않기는 쉽다.

가난해도 원망하지 않아

'예미도중曳尾塗中.' 꼬리를 진흙 속에 끌고 다닌다는 의미. 부귀를 따르다 질질 끌려다니며 사느니 차라리 가난함 속에서 자유롭게 사는 편이 낫다는 『장자』「추수」편 이야기다. 이야기를 추려 보자면 이렇다.

초나라 위왕이 신하를 보내 장자에게 나라의 재상이 되어 줄 것을 청하자, 장자가 물었다.

"초나라에선 신귀라는 3천 년을 살다 죽은 거북이 뼈를 비단 상자 속에 넣어 영물로 보관한다고 들었습니다. 만일 그 거북이 살아 있다면, 죽어서 소중하게 간직되는 뼈가 되기를 바라겠습니까? 아니면 살아서 꼬리를 진흙 속에 끌고 다니길 바라겠습니까?"

위왕의 신하가 대답했다.

"그야 물론 살아서 진흙 속에 꼬리를 끌고 다니기를 바라겠지요."

장자가 사신의 청을 거절하며 말했다.

"그렇다면 돌아가 주십시오. 나는 진흙 속에서 꼬리를 끌며 살아가고 있는 중이니."

세상의 부귀공명을 탐하다 비단 상자에 든 거북이 뼈로 전락하는 것을 경계하는 이야기이다.

하지만 공자가 부富와 귀貴를 경원했을까?

공자는 현실을 외면하는 사람이 아니었다. 세상 모든 사람들이 부귀를 향해 달리는데, 그것을 말린들 듣겠는가? 그래서 말한다.

'올바르지 아니한 부와 귀일 경우가 그렇다'라고. 공자는 정당하게 구하는 것이 가능한 부는 직업의 귀천에 관계없이 얻으려고 노력해야 한다고 역설하는 사람이다.

"공자께서 말하기를 부를 정당히 구하는 것이 가능

하다면 나 역시 비록 말몰이꾼이라도 하겠지만 떳떳이 구하는 일이 불가하다면 나는 좋아하는 바를 따라 좇아 하겠다."

나와 같은 사람들은 부자가 교만하지 않기가 어렵다고 생각한다. 하지만 공자는 가난과 부를 대비시켜 가난하면서도 원망하지 않는 것이 어렵지, 부자이면서 교만하지 않은 것은 오히려 쉽다고 했다. 그만큼 가난이란 사람의 순수한 영혼조차도 갉아먹을 뿐만 아니라 견디기 어려운 고통스러움이다.

인간은 누구나 할 것 없이 부자가 되고 싶어 한다. 나라고 다를 리 없다. 사마천도 부를 추구하는 것은 인간 본연의 성정이라고 봤다. 돈의 굴레에서 벗어나 자유롭고 싶어 하는 본능적인 욕망. 그래서 가진 자를 무작정 비난하거나 부자가 되고 싶어 하는 사람들을 삐뚜름하게 보는 건 질 낮은 질시에 불과할 뿐이다.

돈, 그게 무언지는 초등학교 아이들도 다 알고 있다. 세상이 다 '돈'에 환장한다. 돈에 얽힌 일이라면 무슨 일이라도, 그게 끔찍한 일일지라도 한다. 그리고 사람들은 그게 당연한 일로 생각한다. 세상이 원래 그렇게 흘러가는 거라고 생각하고 믿는다. '돈'이 개입되는 순간, 핏줄도 소용이 없다.

초등학교 어린아이들이 왜, 돈이 최고라고 생각하게 되었겠는가. 눈 뜨고 처음 본 게 어미라고 생각하는 오리처럼 아이들은 '돈'이라는 말을 들으며 자랐기 때문이다. 그러니 아이들이 할머니 할아버지의 세뱃돈 액수로 존경심의 층위를 결정하는 걸 나무랄 수는 없을 거다.

돈은 중요하다. 목숨줄일 수도 있다. 그러니 돈을 좋아하고 그 돈을 향한 욕망을 나무랄 수는 없는 일이다. 다만, '나는 인간이다.' 라는 마음은 가지고 있어야 하지 않을까? 그 인간이라는 자각마저 없다면, 밀림을 뛰어다니는 침팬지와 다를 것이 무엇일까. 돈은 내 삶을 유지하고 이어나가기 위한 머슴일 뿐인데, 그 머슴에 휘둘리는 주인이 될 수는 없는 노릇이 아닌가.

하지만 모든 일에는 선이 있고, 삼가야 할 것들이 있다. 공자는 넉넉하면서도 뻐기지 않는 건 쉽다'고 말하지만 현실은 그런 이들로 넘친다. 공허한 내면을 감추고 타인들의 선망을 얻고 싶은 발로다. 그래서 돈을 좀 만지게 되면 차와 집부터 바꾸고 명품으로 휘감는다. 목에 힘이 들어가고 돈 없는 사람은 하급 인간으로 취급하면서 코웃음으로 대한다. 부유하면서 교만하지 않기조차 쉽지 않다는 걸 현실은 말한다.

부유한 사람이 존경받지 못하는 현실은 부를 축적하는 과정이 정당하지 못한 경우가 많았던 한국적 상황과 맞물려 있겠지만 이처럼 부를 과시하고 교만한 부자들이 많은 탓이기도 하다. 다만 잘살 때 교만하지 않기보다 가난할 때 남을 원망하지 않기가 더 어렵다고 공자는 지적하고 있는 거다.

사실 가난한 이에게는 온 세상이 죄다 원망스러운 일들이다. 확 뒤집어졌으면 싶은 마음이 된다. 그러니 가난하지만 알랑대지 않고 넉넉하지만 뽐내지 않는 사람이라면 훌륭한 인품을 지녔다고 할 수 있지 않을까.

한편, 공자는 이런 자공의 질문에 "가난해도 즐기고, 넉넉해도 예를 좋아하는 것만 못하지."라고 말했는데, 이는 가히 성인의 반열일 것이다.

貞而不諒
정이불량

『논어』「위령공」

子曰 君子 貞而不諒

자왈 군자 정이불량

공자가 말했다. 군자는 바르고 단단하며

작은 의리에 매이지 않느니.

군자의 의리, 깡패의 의리

'정이불량'은 공자가 언급한 군자의 마음가짐이다. 극단을 피하는 중용中庸을 택한다는 것이다.

주자는 양諒을 '옳고 그름을 가리지 않고 약속에만 구애됨'이라 해석했다.

의리는 소중한 가치지만 깡패의 의리가 있고 군자의 의리가 있다. 신의는 중요하지만 미생과 같은 어리석은 신의도 있는 법이다.

다리 밑에서 여자와 만나기로 했던 약속에 구애되어 물에 떠내려가 죽은 사람이 미생이다. 이치에 합당하지 않은 약속을, 말에만 매달려 억지로 지키는 것을 경계하는 고사다.

공자 일행이 진채陳蔡 사이에서 곤욕을 치르고 있을 때였다. "위나라에는 가지 않는다"고 맹세하면 풀어주 겠다는 제안에 공자는 "그러마." 하고 맹세하였다. 그러나 공자가 이를 어기고 위나라로 가자 자공이 묻기를 "맹세를 어찌 저버릴 수 있겠습니까?" 하고 물었다. 이에 공자는 "강요한 맹세는 신神이 듣지 않느니라." 하였다.

신의를 소중하게 여기되 그 약속이 사리에 합당하며, 상황에 적당한지도 살펴야 한다. 시세에 영합하고 상황에 따라 헌신짝처럼 약속을 저버리는 이기적 행위를 옹호하는 것이 아니다. '그때에 가장 적절한 진리'를 찾는 것이 중요하다는 가르침이다.

하기야 신의가 헌신짝처럼 버림받는 이 시대에 미생처럼 약속 한마디에 구애되어 목숨을 잃는 사람이라니… 아름다워 보이기도 한다. 무슨 손바닥을 뒤집듯 말을 바꾸고 신의를 뒤집는 세상에서 미생은 오히려 아름다운 사람이다.

그래서인지 전두환의 군사쿠데타를 추종하고 권력을 휘둘렀던 장세동을 두고 세간의 어떤 이들은 '의리'가 있다고 칭송하는 일까지 있었다. 이것이 바로 말의 오염이다.

신의 그 자체보다 무엇을 위한 의리인지 먼저 분별해야 한다는 말이 되겠다.

君子 無所爭
군자 무소쟁

『논어』「팔일」

子曰 君子無所爭, 必也射乎! 揖讓而升, 下而飮, 其爭也君子.

자왈 군자무소쟁, 필야사호! 읍양이승, 하이음, 기쟁야군자

공자가 말했다.

"군자는 다투는 바가 없지만 활쏘기만은 반드시 다투느니!

서로 읍하고 사양한 다음 사대에 올라 다 쏘고 내려와서 술을 마신다.

이것이야말로 군자다운 다툼이려니."

군자는 다투지 않느니

노자는『도덕경』에서 이렇게 말했다.

'좋은 사(士)는 무용을 보이지 않고, 잘싸우는 사람은 성내지 않으며, 적을 잘 이기는 자는 개입하지 않는다. 이를 일러 싸우지 않는 덕不爭之德이라 한다.(제68장)'

"군자는 다툼이 없다" 말도 있지만 이는 온화하고 얌전하다는 말이 아니다. 군자라고 하여 성깔이 없을까? 다만 싸워야 할 일과 자신을 낮춰야 할 일을 잘 구분할 뿐이다. 무슨 일만 있으면 웃통을 까고 입에 거품을 무는 사람이 아니라 고요하되 정작 안중근처럼 자신의 삶을 내던지는 사람, 가난해도 즐기는 자신만의 길을 가진 사람이기 때문이다. 지위나 재화, 명예를 추구하지 않으니 남과 경쟁할 일이 없는 것이다.

가끔 인터넷 댓글들을 보면, 사소한 일로, 말 한마디를 두고, 욕설이 난무하고 목숨이라도 건 것처럼 다투는 일이 많다. 그곳이 여론의 소통 공간이라는 것쯤은 알고 있지만 쓸데없이 에너지를 낭비하고 마음의 상처까지 주고받는 공허한 다툼 또한 많다. 나 역시 다르지 않았다. 사소한 일에 목숨 걸었던 적이 많았다. 이렇게 글을 쓰고 있지만 여전히 그런 습성에서 벗어나기는 어렵다. 그래서 늘 곁에 가까이 두고 곱씹어야 하는 것이다. 그조차 잊는다면?

일상생활에서 꼭 해야만 한다고 고집 부리지 않고, 또 절대 안 된다고 쌍지팡이를 짚지도 않으며, 단지 정황의 뜻에 맞춰 행동하는 사람이 군자라고 공자는 말한다. 즉 군자에겐 다툴 거리조차 없는 것이며, 남과 경쟁할 것이 없다는 것이다.

그렇다면 경쟁은 무조건 피해야 하는 것인가?

그렇지 않다. 공자는 활쏘기만은 반드시 다툰다고 하였다. 규칙 내에서의 경쟁은 결코 마다하지 않는다는 뜻이다. 경쟁하고 싸워야 할 일에서는 결코 피하지 않는다는 뜻이다.

공자의 시대나 지금이나 삶에서 경쟁은 피할 수 없다. 현실의 관점에서 경쟁이 없으면 사람은 움직이려 하지 않기 때문에 경쟁이 필요한 것이다.

그러나 경쟁이 불가피하다고 하더라도 모든 경쟁이 합리화될 수는 없다. 그래서 상대에 대한 예를 갖추고 원칙과 규칙을 지켜 승자는 패자를 배려하고 패자는 깨끗이 패배를 인정해야 함을 공자는 말하고 있는 것이다. 오늘날 흔히 말하는 스포츠맨십이다.

명분 없이 서로를 죽이고자 하는 경쟁은 저급한 소인배의 일이라지만 나라고 하여 크게 벗어나지도 못했다. 쓸데없는 일에 경쟁심을 품고 다투면서, 나서서 싸워야 할 때는 몸을 사렸던 적이 얼마나 많았던가.

무소쟁無所爭, 세 글자를 가슴에 품는다.

深厲淺揭
심려천게

『시경』「패풍」

"물이 깊으면 허리까지 옷을 걷어 올리고,

얕으면 무릎까지 들어 올려 건너는 게지."

일을 행함은 형편을 따라야

심려천게, 일이 되어가는 형편을 봐가며 그때그때 적절히 대응하는 처세술을 말한다. 『시경詩經』 패풍에서 '시대 흐름에 따른 융통성 있는 처세'를 비유한 데서 유래한 말이다.

물이 깊은 것은 암울한 시대를 비유하고 얕은 것은 그나마 견딜 만한 시대를 비유한 것. 임기응변하는 처세를 상징한다.

'골치 아픈 세상에 목맬 일이 무엇이겠는가. 풍광 좋은 곳에 터 잡아 세상일이야 내 알 바 아닌지라 내 한 몸 살피며 맘 편히 지내면 그만이지.'

한 갑자의 삶을 늘 이런 생각으로 살아왔다.

'세상 별거 없어. 나만 잘 살면 되는 거야.'

나처럼 생각하는 사람이 대다수인 세상이 살 만한 사회가 되기는 어려울 것이다. 그런 세상은 정글이 되기 쉽다. 부정의不正義 한 권력이 숨통을 옥죄어도 손에 쥐고 있는 작은 것을 잃을까봐 전전긍긍하며 순응하는 세상이다. '모난돌이 정 맞는 법'이라는 말을 금과옥조로 여기며 살아왔으나 이게 그럴 일만은 아니었다.

"물이 깊어 세상이 알아주지 않으면 물러나 숨는 것이 옳지, 무슨 미련이 남아 세상일에 개입하려는 것이냐?"는 은둔자의 힐난에 공자는 대꾸한다.

"깔끔하구먼. 그거야 어렵지 않지."

내 한 몸 추스르려고 세상사 깨끗하게 미련 버리는 일이야 나도 하고자 한다면 어려운 일이 아니다. 정작 어려운 것은 더럽고 추악하지만 그럼에도 불구하고, 아니 그렇기 때문에 개입하지 않으면 안 되는 '인간의 길이 있다'는 의미를 담고 있다.

세상 돌아가는 상황을 보아 내 이익을 챙기고 매끄

럽게 순응하며 따라가면 살아가는 일이 편할 것이다. 때론 세상 돌아가는 꼴이 형편이 없어서 차마 돌아보기에 역겨울 수도 있겠으나 고개를 돌리면 물처럼 흘러가는 일생의 길이 있다.

하지만 손 툭툭 털고 외면하는 건 공자의 길이 아니었다.

오늘날이라고 다르지 않다. 세상 곳곳에는 새로운 세상을 꿈꾸며 노심초사하고 묵묵히 거친 길을 걷는 이들 역시 많다.

문득 반성하게 된다. 공자의 '목울음' 한 구절을 읽으면서 문득 나 역시 이 사회의 꼴에 한 조각 책임을 가지고 있는 한 사람의 시민이라는 진실을 자각하게 되는 날이기도 하다.

다시 촛불이 타오르고 있다.

遠謀心慮
원모심려

『논어』「위령공」

子曰 人無遠慮 必有近憂

자왈 인무원려 필유근우

공자가 말했다.

"사람이 멀리 내다보지 않으면

꼭 가까운 데서 근심이 생기기기 마련이지."

계획은 원대하게 주의는 세밀하게

원려遠慮라는 건 삶과 세상의 흐름을 넓고 깊게 살핀다는 것이다. 눈을 감고 코끼리의 다리를 만지고 꼬리를 만지는 태도에서 벗어나 그 실체를 살핌이다. 전후좌우 위와 아래, 그 전체를 통찰하는 눈이다.

쉬운 일일까? 그럴 리가. 긴 역사의 시간 속에서도 그런 안목을 갖춘 인물이라면 분명 그 이름을 모르는 이 적을 것이다. 그래서 멀리 깊게 보고 시대의 흐름을 통찰하는 이들은 성공자가 되었다. 스타벅스의 CEO 내러시먼이 그랬고, 애플의 스티브 잡스가 그랬다. 그들은 디테일에 강한 사람들이 아니었다. 내러시먼은 커피와 무관한 기계공학과 국제학을 공부한 사람이었고, 잡스는 철학을 공부했다. 내러시먼이 커피를 얼마나 맛있게 내리는지 관심이 있었을까? 또 잡스는 휴대폰에 들어가는 반도체 칩에 대해 큰 관심을 가지고 있었을까?

아니다. 그들이 성공자가 될 수 있었던 건 디테일한 정보나 전문지식이 아니라 근원적인 질문을 던지는 사람, 전체를 통찰하는 사람이었기 때문이다.

'원려遠慮'는 '원모심려'를 줄여 쓴 말이다. 원모심려는 긴 시야를 가지고 미래를 계획하는 것이고 심려는 그 계획을 바탕으로 현재의 삶을 관리하는 것이다. 그래서 원모하고 심려하는 사람은 늘 조심하고 삼가는 사람이다. 그러므로 갑작스런 사건이 일어나더라도 쉽게 대응할 수 있다.

미래에 대한 계획 없이 살면 현재의 삶이 방만해진다. 그리고 그 방만함으로 인해 주변에서 꼭 걱정거리가 생겨나기 마련이다. 사소한 근심도 큰 근심으로 자라고, 없는 근심을 만든다. 현재의 삶을 제대로 관리하기 위해서라도 미래에 대한 세밀한 계획이 필요하다.

『명심보감』에서도 '일생의 계획은 어릴 때 세우고, 일 년의 계획은 봄에 세우며, 하루의 계획은 새벽에 세운다. 어려서 배우지 않으면 늙어서 아는 것이 없고, 봄에 밭을 갈지 않으면 가을에 거둘 것이 없으며, 새벽에 일어나지 않으면 그날 할 일이 없다.' 라고 했다.

이는 곧 자신이 하고자 하는 일에 있어서 깊고 멀리 바라보며 계획을 세우라는 말이다.

많은 이들이 해가 바뀌어 새해를 맞으면 야심차게 목표를 세우곤 한다. 금연을 결심하기도 하고, 영어 실력을 크게 키우겠다는 결심을 하기도 한다. 그리고 대개는 얼마 지나지 않아 흐지부지 없었던 일이 되곤 한다. 멀리 보고 계획을 세우는 건 중요하지만 세밀하게 살펴서 꾸준히 실행해 나가는 것 역시 중요한 것이다.

먼 앞날을 깊이 생각해서 새로운 질서, 새로운 세계를 창조해 나간다는 의미에서 원모심려는 현대를 사는 우리가 갖추어야 할 핵심 조건이 아닐 것인가. 멀리 보고 살펴 걷지 않으면 길을 잃기 쉽고, 고개를 세워 먼

곳만 살피면 발아래 돌부리에 걸려 넘어지게 된다. 멀리 보되 주변 또한 잘 살피는 중용의 도리는 여기에서도 진리다. 안중근 의사도 여순 감옥에서 순국하기 3일 전에 이 글을 썼다.

'人無遠慮 必有近憂'

멀리 보고 근심하지 않으면 반드시 가까운 곳에서 근심이 온다.

그 뜻이 무엇이겠는가.

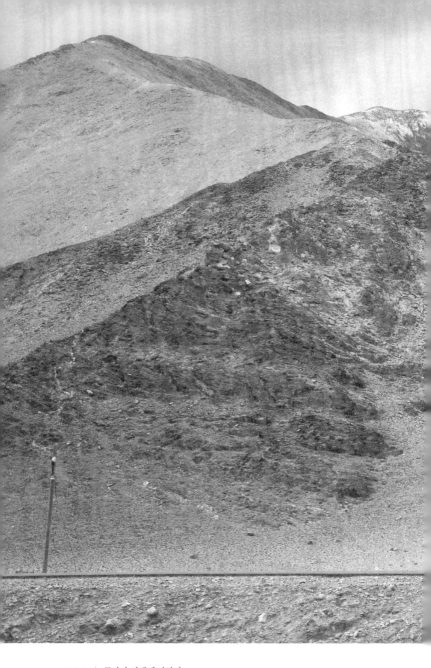

공자가 인생에 답하다

窮則通
궁즉통

『주역』「계사전」

易, 窮則變, 變則通, 通則久, 是以自天祐之, 吉无不利

역, 궁즉변, 변즉통, 통즉구, 시이자천우지, 길무불리

역은 궁하면 변하고, 변하면 통하고, 통하면 오래한다.

이로써 하늘이 도와 길하며 이롭지 않음이 없다.

궁하면 통하느니

사람들이 일이 잘 풀리지 않을 때 흔히 떠올리는 말이 있다. 궁즉통窮則通이다. 『주역』에서 나온 "窮則變 變則 通 通則久궁즉변 변즉통 통즉구 "의 줄인 말이다.

'사물이 극에 달하면 변하게 되고, 변화가 일어나면 막힘이 없이 통하게 되고, 막힘없이 통하면 오래 지속 될 수 있다'는 만물의 순환 역학을 나타내는 말.

무엇도 더 이상 일어나지 않을 만한 극한에 이르기 까지 최선을 다했을 때 돌파구가 보이는 것이며, 그만 한 노력의 결과로 하늘이 도운 듯 모든 이로움을 오래 도록 누릴 수 있다는 뜻으로 풀 수 있을 것 같다.

볼 수도 없고 들을 수도 없었으며 말로 나타낼 수도

없었던 헬렌 켈러, 무뢰배의 가랑이 사이를 기었던 한신, 거리의 무뢰배로 시작해 싸울 때마다 패해 도망쳐야 했던 유방, 수많은 선거에서 지고 사형수까지 되어 옥살이를 했던 김대중… 어디 이들 뿐이겠는가. 제 분야에서 독보적 성공을 거둔 사람들은 대개 이러했다.

살아가다 보면 수도 없이 어려운 지경에 빠진다. 그럴 때 '궁즉통'의 한마디를 떠올려 이겨낼 힘을 짜낼 수 있기를 기원한다. 그리고 세상일이란 게 꼭 죽으란 법은 없는 것인지라 처한 상황을 돌파하고자 온힘을 다한다면 길이 열린다. 사실, 살다보면 흔히 경험하는 일이다. 언덕 아래에서는 앞이 보이지 않지만 그 위에 서면 시야가 드러나지 않는가. 언덕 아래에서 보면 모든 언덕은 에베레스트만큼이나 높은 법이고 우리 삶은 그런 언덕들을 수도 없이 넘는 과정이다.

궁즉통은 『주역』의 핵심이라고 할 수 있는, '만물은 순환한다'는 철학을 적확하게 보여주는 표현이다. 그렇다고 시간이 가면 저절로 해결된다고 믿으면 안 된다.

변화를 통해서 해법을 찾아야 한다는 것이 참뜻이다.

궁은 막다른 곳에 이르러 더 이상 앞으로 나아갈 수 없는 상황을 가리킨다. 이제는 어느 정도 극복해 가고 있는 '코로나 팬데믹'과 같은 상황도 일종의 궁이라고 할 수 있다. 지금까지 검증된 지식이나 관행이 더 이상 효력을 발휘할 수 없는 상황. 한 걸음이라도 앞으로 나아가려면 궁의 상황에서 변화를 시도하지 않을 수가 없다. 그리고 기회는 이럴 때 찾아오는 법이고, 그것을 잡는 사람은 변화를 이끌거나 최소한 받아들이는 사람이다.

'변變'은 지금 당면한 문제를 풀어가기 위해 지금까지 해왔던 관행, 생각의 틀을 벗어나 새로운 지식과 방법을 찾아간다는 것이다. 상황과 현실이 달라지면 그에 따른 해법 또한 달라질 수밖에 없다. 지금까지 쓰고 활용해 왔던 지식과 틀을 혁신함으로써 새로운 상황에서 소통과 통용의 길을 찾고 지속 가능성을 확보하는 것이다.

이렇게 보면 궁에서 변으로, 변에서 통으로, 통에서 구로 이어지는 과정은 지식과 관행이 단절되지 않고 선순환을 이루는 단계를 아주 잘 드러내는 말이다. 주식의 차트에서 추세대를 보면 대략 그 주식이 오름세를 탈 것인지 내림세를 탈 것인지 짐작할 수 있는 것처럼 모든 일은 오르고 내리는 추세대 위에 있다는 말이다.

오늘 하루, 계획했던 일들이 어그러지고 뜻대로 풀리지 않았다고 너무 풀이 죽거나 실망하지 말아야겠다. 내일이면 언제나처럼 다시 태양은 떠오르고 새로운 일, 삶이 이어지는 것이니까.

'궁즉통'은 단지 곤란함에 빠진 현실에서 막연한 낙관을 품는 것이 아니라 매일매일, 순간순간, 자신이 가진 역량을 최대한으로 끌어올리고자 할 때 다가오는 빛과도 같은 것이리라.

幸災不仁
행재불인

『좌전』「희공」

幸災不仁

행재불인

남의 재난을 다행^{多幸}으로 여기는 것은 어질지 못하다.

사촌이 땅을 사면 배가 아픈가?

춘추시대 진晉나라 공자 이오夷吾가 다른 나라에서 유랑 생활을 할 때, 진秦나라 목공穆公에게 "만약 도움을 주어 왕위를 차지할 수 있게 해 주면 다섯 개의 성을 바치겠다"고 약속했다. 하지만 목공의 도움을 받아 진晉나라 왕 혜공이 된 이오는 약속을 지키지 않았다.

그러다 진晉나라에 흉년이 들자 혜공은 쌀을 구하기 위해 진秦나라로 사신을 보냈는데, 진秦 목공은 괘씸한 마음이 들었지만 백리혜의 조언을 들어 그 청을 들어 주었다.

이듬해 이번에는 반대로 진秦나라에 기근이 들자 진晉나라에 사신을 보내 도움을 청했는데, 혜공은 이를 거절했다. 대부인 경정慶鄭이 "베풂에 등을 돌린다면 외롭게 될 것이고, 남의 재앙을 다행으로 여기면 어질지 못한 일背施無親 幸災不仁"이라 간언했음에도 혜공이 이를 받아들이지 않은 것이다.

이때의 일을 두고 대부인 경정慶鄭과 또 다른 신하 괵석은 이런 논쟁을 벌였는데, 지금의 시각으로 보아도 생각해볼 만한 점이 많은 것 같다.

경정이 혜공에게 말했다.

"은혜를 저버리는 것은 무친無親이고, 남의 재난을 다행으로 여기는 것은 불인不仁이요, 탐욕스럽게 아끼는 것은 불상不祥이고, 이웃나라를 노하게 하는 것은 불의不義니, 이 네 가지 덕德을 모두 잃는다면 무엇으로 나라를 지키겠습니까?"

그러자 괵석이 반대하며 말했다.

"가죽이 남아 있지 않는데, 털이 장차 어디에 붙겠습니까?"

경정이 말했다.

"신의를 저버리고 이웃나라를 배반한다면, 우리에게

재앙이 닥칠 때 누가 구원해 주겠습니까? 신의가 없으면 근심이 생기고 후원하는 나라를 잃으면 패망하는 것은 필연의 이치입니다."

괵석이 말했다.

"원한을 줄이지 못하고 곡식을 주면 적에게 힘만 보태줄 뿐이니, 주지 않는 것만 못합니다."

경정이 말했다.

"은혜를 저버리고 남의 재난을 요행으로 여기면 백성의 버림을 받습니다. 친근한 사람도 오히려 원수로 여길 것인데, 하물며 원한을 품은 그 적이야 어떠하겠습니까?"

혜공은 경정의 말을 듣지 않았다.

분노한 진秦나라는 결국 군사를 일으켜 진晉나라를 공격해 혜공은 포로의 신세가 되었다.

이것이 비단 옛일이고, 나라와 나라 사이에만 일어나는 일일까? 아마도 흔하디 흔한 예일 것이다.

남의 재난을 두고 다행이라 여긴다면 어질지 못하다 하였으나 어디, 다행 정도이겠는가. 비웃고 고소하게 여기는 사람도 흔하다.

벌써 2년의 세월이 덧없이 흘렀다. 이태원의 골목길
에서 수많은 젊은 목숨들이 채 피지도 못하고 떨어진
것이.

하루아침에 생떼 같은 자식들의 죽음을 듣고 비탄에
빠진 그 부모를 향해 쏟아지던 온갖 말들이 있었다. 같
은 인간으로서의 연민, 안타까움은 일 푼도 없는 냉혹
함으로 가득한, 단지 자기네들 진영, 자신들의 이익을
앞세우고 타인의 재앙을 비웃고 짓밟으며 웃는 자들이
많았다. 세월호 희생자의 아비가 단식을 할 때 피자를
시켜 먹으며 낄낄거리던 이들도 있었다. 타인의 아픔
을 아픔으로 인식하지 못할 때, 그건 스스로 인간의 길
을 포기한 것과 마찬가지일 것이다.

그런데, 거기에 더하여 혜공처럼 이미 받은 은혜가
크건만 배신으로 갚음을 할 때, 그의 뒷일이 결코 좋지
는 못할 것은 불문가지다. 세상의 모든 눈이 그를 신뢰
할 수 없는 인간으로 바라보게 되기 때문이다. 굳이 거
대담론으로 바라볼 일이 아니다. 잘나가는 이웃이 내
게는 손해로 받아들여지는 심리는 생각보다 일반적이

다. 그래서 "사촌이 땅을 사면 배가 아프다." 같은 속담도 생겨났을 터. 흔하게 소통되는 속담의 의미만큼 만연한 풍조일 것이다.

과학 혹은 의학적으로 이 속담을 분석하고 있는 이들도 있다. 즉 '인간의 마음이란 게 자신과 가까운 이들이 잘나가는 걸 보면 시기심이 들기 마련인데, 그걸 대놓고 드러낼 수는 없으니 신체적인 반응, 복통으로 나타난다'는 것이다. 어떤 연구에 따르면, 팀 동료 중에 자기보다 유능한 사람이 있으면, 해당 팀의 다른 구성원들은 그 동료로 인해 심리적 위축감을 느끼고 스트레스를 받는다고 한다.

"좋은 소문은 대문 밖을 벗어나지 않으나 나쁜 소문은 천리를 간다." 라는 말이 있는데, 남에게 좋은 일이 있으면 입을 다물고, 좋지 못한 일이 있으면 사방팔방 떠들고 사람들이 많다는 뜻이다. 왜 SNS에 온갖 허세스러운 게시물들이 올라오고 소비되는지 알 것도 같다.

경쟁은 사람이 가지고 있는 본능이다. 생존을 위한 본능이랄 수 있다. 그래서 좋은 쪽으로 키우면 자기 발전의 원동력이 되지만 잘못된 쪽으로 기울면 남을 질투하고 시기하고 훼방을 놓고 싶은 마음이 된다. 그런 지경에 빠지지 않기 위해서는 노력이 필요하다. 스스로 크게 마음을 기울여 닦지 않으면 필경 그렇게 된다. 본능이 이끌기 때문이다.

인터넷에서 읽은 글이 생각난다. 그 글을 바탕으로 이야기하자면 이렇다.

많은 연구 업적을 쌓은 서울의 명문대 국문과 교수가 있었다. 그는 중후한 외모를 하고 있어 겉으로 보기에는 관대한 어른처럼 보였다고 하는데, 실상 그 교수는 마음이 배배 꼬여 남이 잘 되는 것을 참지 못하는 사람이었다고 한다. 동료 교수가 책을 내면 수업시간에 들어가 학생들에게 "그 책 엉터리다." 라고 혹평을 늘어놓을 정도였다.

돌아서면 남을 욕하고, 남이 보지 않는 곳에서는 남일을 방해하는 짓을 하면서 학생들에겐 "사람이 되어야 한다"는 말을 입에 붙이고 살았다. 방송에 나가 그럴듯한 이야기를 하고, 신문에 글도 자주 써서 사회적으로는 명사±가 되어 있었지만 자기 학교에서는 원수가 되어 인사도 나누지 않는 교수가 한둘이 아니었다. 자기 스스로 "나는 남 잘 되는 것은 못 보는 사람이다."라고 말을 하고 다닐 정도였으니, 아무리 그럴 듯하게 포장한들 누가 그걸 모를까. 말은 하지 않았어도 학생들도 다들 속으로 그를 경멸했다고 한다.

아무리 사회적으로 성공을 거두었다고 해도 그에 따라 인격도 따라 올라가는 것은 아닌 것이다.

타인을 위해 자신을 희생한다는 것은 보통 사람으로서는 하기도 어렵고, 남에게 강요할 일도 아니다. 그러나 자기도 잘되고 남도 잘 되어야 한다는 사고가 정상적인 생각이라는 것만은 분명하다.

진나라 혜공이 사로잡혀 욕을 당한 것은 눈앞에 놓인 이익에 집착해 신의를 저버린 때문이었다. 현재를 사는 우리라고 해서 달라질 것은 아무것도 없다. 신의를 가볍게 여기고 틈만 나면 뒷담화를 하는 이를 좋아할 사람은 아무도 없을 것이다. 내가 남의 뒷담화를 하며 흉을 볼 때 그 말을 들어주는 사람의 마음 속에서 나는 어떤 사람일까?

　남의 이야기가 나오는 자리라면 입을 무겁게 하고 말을 아끼는 것이 좋으리라. 마땅히 그런 이가 땅을 산다면 주변의 사람들도 배가 아파하는 대신 함께 기뻐해 주지 않을 것인가.

공자가 인생에 답하다

愛人, 知人
애인, 지인

『논어』「안연」

樊遲問 仁, 子曰 愛人. 問知, 子曰 知人.

번지문 인, 자왈 애인. 문지, 자왈 지인.

번지가 인에 대해 묻자, 공자가 말했다.

"사람을 아끼는 것이다."

이어서 지혜란 무엇인지 여쭙자, 공자가 대답했다.

"사람을 아는 것이지."

남을 생각하는 것이 곧 인

인仁에 대한 공자의 답변은 여러 가지다. 질문을 하는 사람이 누군지에 따라 다른 대답을 해 준다. 즉 안연에게는 "인이란 자기를 극복하고 예로 돌아가는 것"이라하고, 중궁에게는 자기가 원치 않는 것을 남에게 하지 않는 것이라 답을 해 준다. 또 사마우에게는 인이란 말을 더듬는 것이라는 답을 주기도 한다.

인이란 특정한 의미로 한정해서 말할 수 없는 것이기에 그랬을 것이다. 즉 그때그때의 상황에 따라 적절한 대답을 하는 경우도 있으며, 질문하는 사람에 따라서 달라질 뿐이었다.

여기서는 인이란 애인愛人, 즉 다른 사람을 아끼는 것

이라 했다. 그래서 인의 핵심은 인간에 대한 사랑이다. 인간에 대한 사랑을 어떻게 표현하느냐 하는 것은 『논어』에서 다양한 말로 풀고 있는 인의 구체적 행위라고 할 수 있다. 즉 백성에 대한 사랑의 실천이며, 부모님에 대한 사랑의 보답이고, 나보다 어려운 처지에 놓인 사람에 대한 베풂인 것이다.

번지는 공자가 타고 다니는 수레를 모는 마부였다. 늘 곁에서 공자를 모셨던 사람이다. 공자는 왜 번지에게 인을 들어 '사람을 아끼는 것'이라고 이해시키려 했을까? 공자가 인을 설명하는 말들을 보면 한 가지 공통점이 있음을 알 수 있다. 바로 '타인과의 관계'를 중심에 두고 있다는 점이다.

극기복례는 공과 사의 관계를 이야기하는 것이다. 중궁에게 해 준 말은 나와 남의 관계를 이야기하는 것이며, 사마우에게 해 준 '말을 더듬는다'는 것은 '자기가 한 말을 실천하는 것이 어려우니 어찌 더듬지 않을 수 있겠는가.' 하는 말이다.

공자는 "지혜는 곧 지인知人"이라 했다. 사람을 알아보는 눈을 갖추는 것. 더하여 편견 없이 다른 사람의 선악 시비를 분명히 분별해 보는 눈을 갖는 것이 지知이며, 악한 사람의 속임수에 빠지는 것은 내가 어리석기 때문이라는 것이다.

한 조직에서 리더가 되어 인仁을 실현하려면 어찌해야 하는가. 공자는 정직한 사람을 들어 쓰고 부정한 사람들을 버리면 부정한 이들로 하여금 정직하게 된다고 했다. 번지가 공자의 말뜻을 제대로 이해하지 못하자 "올곧은 사람을 들어서 굽은 사람 위에 쓰면 굽은 사람도 곧게 할 수 있느니." 라고 한 것이다. 무능하고 간교한 자가 활개를 치고 정직하고 유능한 사람이 밀려나는 세상은 리더가 어리석고 불인不仁하기 때문이다.

신영복 선생은 『강의』에서 이렇게 말했다.

'모든 지식은 사람과 관계되지 않은 것이 없는 법입니다. 여기까지는 특별한 이론異論이 있을 수 없습니다. 문제는 타인에 대한 이해입니다. 여러분도 어떤 사람을 어떻게 이해할 것인가에 대해 고민한 적이 있으리라 생각합니다. 그 사람의 측면에 주목할 것인가를 고민하기도 하고, 그 사람에 관한 파일을 구하거나 그 사람에 대한 다른 사람들의 견해를 구하기도 합니다.

그러나 가장 중요한 것은 내가 알려고 하는 그 사람도 나를 알고 있어야 한다는 사실입니다. 〈중략〉

서로 관계가 있어야 합니다. 쌍방향으로 열려 있어야 합니다. 나와 관계가 있어야 하고 나를 사랑하고 있어야 하는 것이지요. 사랑하지 않는 사람에게는 자기를 보여주지 않는 법이지요. 하물며 자기의 알몸을 보여줄 리가 없지요. 지知와 애愛는 함께 이야기될 수밖에 없습니다. 우리는 사랑하지 않는 것도 알 수 있다는 생각을 버려야 합니다. 애정 없는 타자와 관계없는 대상에 대하여 알 수 있다는 환상을 버려야 합니다.'

어떤 사람을 알고 싶다면 먼저 그 사람이 나를 사랑하도록 만드는 것. 그리하여 스스로 둘러친 휘장을 걷어치우고 자신을 드러내도록 하라는 의미겠다. 그리하여 진정한 의미의 지혜는 인간에 대한 이해에 있음을 말하는 것이겠다. 그래서 신영복 선생은 '인간에 대한 이해가 없는 사회는 무지無智한 사회이며, 무지막지한 사회일 뿐'이라고 말한다.

모든 것이 돈으로 말해지는 자본주의 사회에서 '인간'에 대해 이해하고 다른 이들을 아끼는 마음이 어떤 의미가 있을까 싶기도 하지만 그래서 '인간을 깊이 이해하고, 타인을 아끼고 연민'하는 품성을 지닌 이들이 성공하는 시대일지도 모르겠다는 생각이 든다.

사람에게는 '마음'이라는 것이 있으니, 그 마음을 무시하고 현실적인 이익과 효율만 선택하는 것이 도대체 무슨 이득을 가져오겠는가. 최단 시간에 목적지에 닿기 위해서는 말에 채찍질을 하여 달리게 만드는 게 제일 빠른 길이나 인간에게는 '마음'이 있기에 그걸 무시하고 채찍질을 하다 보면 주인을 걷어차는 법이다. 그러니 힘들고 어려운 길이나 사람의 마음을 얻는 일이야말로 더불어 목적지에 닿을 수 있는 가장 효율적인 방법이 될 수도 있지 않을까. 물론 인간에 대한 신뢰 그리고 이해를 연료로 삼아서 말이다.

大成若缺
대성약결

『도덕경』 45장

大成若缺 其用不弊 大盈若沖 其用不窮

大直若屈 大巧若拙 大辯若訥

대성약결 기용불폐 대영약충 기용불궁

대직약굴 대교약졸 대변약눌

크게 이룬 것은 이지러진 것 같으나 그 작용은 낡아 해지지 않는다.

크게 찬 것은 너무 깊어 빈 것처럼 보이나 아무리 퍼내도 다함이 없다.

크게 곧은 것은 굽은 것 같고, 큰 기교는 오히려 서툰 것 같고,

크게 능한 말은 어눌한 것 같다.

명필은 서툴게 보이기도 하느니

『도덕경』45장의 핵심적인 개념은 '대大'라고 할 수 있다. 신영복 선생은 대성大成, 대영大盈, 대직大直, 대교大巧, 대변大辯에서 알 수 있듯 '대'는 최고의 개념, 최고 수준, 최고 형태를 의미한다고 보았다.

대성, 대영, 대직, 대교, 대변은 도를 묘사한다. 대大는 소小의 반대 개념이 아니라 도의 표현이다. 소를 배제한 대가 아니며, 오류를 배제한 완벽함이 아니다.

도는 물질로 드러나는 것이 아니라서 그 생김을 알수 없고, 그 생김을 말로써 표현할 수도 없는 것. 그래서 도를 따르는 사람은 언뜻 언행에 흠이 있는 것처럼 보일 수도 있고, 지식이 모자란 듯 보일 수도 있고, 모순된 듯 보일 수도 있고, 표현이 어눌해 보일 수 있으나 그의 내면세계는 고요하다는 것이다.

진정한 부자는 부를 자랑하지 않고, 진정한 고수는 재주를 자랑하지 않고, 완벽을 드러내지 않는다. 말을 투박하게 하더라도 진정성을 담아 전달하는 이가 진정한 웅변가다. 청산유수로 말을 잘하고 목소리가 큰 사람은 쉬이 드러나 보이지만 안팎이 꽉 들어찬 이를 만나는 건 쉽지 않은 일이다.

오히려 남의 잘못을 두고 신랄하게 공격을 퍼붓다가도 똑같은 일이 반대로 자기에게 해당될 때는 언제 그랬느냐는 듯 입을 싹 닦고 말을 바꾸는 일도 흔하다. 어떤 일을 두고 입을 다무는 건 쉽지 않은 일이나 그래서 대변약눌大辯若訥한 것이고 명필은 오히려 서툴게 쓴 글씨처럼 보이기도 한다.

큰 지혜는 어리석게도 보이고, 진실로 뛰어난 사람은 자신을 내세우지 않고 겸손하기에 사람들의 눈에는 모자라게 보인다. 하지만 막상 일을 시작하면 그 능력이 드러난다. 어려운 일임에도 무난히 해결하고, 기대도 품지 못했던 큰 성과를 거두기도 한다. 반대로 어리석은 사람은 화려한 언변과 폼을 잡으며 나서므로 유능한 것처럼 보이나 일을 맡기면 곧 본색이 드러나게 마련이다.

　사람들은 보통 자기 눈으로 본 것을 진실이라고 생각하지만 보이는 대로 판단하면 오류에 빠지기 쉽다. 세상에는 사람의 눈을 현혹하는 것들이 수없이 많기에. 그래서 눈에 보이는 것, 현상으로 드러난 것이 아니라 그 이면에 감춰져 있는 진실을 볼 수 있어야 한다. 그것이 바로 통찰의 힘이다.

　어쩌면『도덕경』의 이 몇 글자는 억지로 치장하고 이루고자 하는 삶으로부터 벗어나 자연스러운 삶 속으로 들어가라는 말들은 아닐 것인지.

공자가 인생에 답하다

十目所視
십목소시

『대학』「성의장」

曾子曰 十目所視 十手所指 其嚴乎

증자왈 십목소시 십수소지 기엄호

증자가 말했다.

"열 사람의 눈이 지켜보며, 열 개의 손가락이 가리키니

이 얼마나 엄하고 무서운가."

하늘 아래 숨을 곳이 없음이여

십목十目은 열 개의 방향, 감춰지는 곳이 없는 모든 방향으로부터의 시선을 말한다. 홀로 있을 때의 행동도 하늘이 지켜본다고 생각하며 옛 선비들은 스스로를 삼갔다고 하는데, 십목은 바로 하늘의 눈이 아닌가. 『대학』과 『중용』에 출전하는 '신독愼獨'과 서로 통하는 말이겠다.

'신독'은 아무도 보는 이 없는 곳에 홀로 있을 때라도 도리에 어긋남이 없도록 몸가짐을 가지런히 하고 언행을 삼간다는 말이다. 퇴계와 김구 선생의 좌우명이 바로 신독이었다 하니, 이는 바로 스스로를 속이지 않는 것이 군자가 늘 곁에 두고 궁구해야 할 덕목이기 때문이리라.

소인은 어떨까?

사람이 보는 곳에서는 정의로운 척 하지만 보는 눈이 없다면 거침없이 그 가면을 벗는 자다. 이익이 있다면 두려워하는 바가 없다.

김경일 교수는 "지켜보는 눈과 지적하는 손가락은 얼핏 보면 아무런 힘도 없는 것 같다. 하지만 그것은 사람들 모두가 마음에 두고 두려워하는 진정한 힘이다."라고 했다.

홀로 있는 곳에서도 도리에 어긋나지 않고자 삼가는 리더라면 사람의 마음을 얻기 마련이고, 그를 사랑하므로 그와 더불어 그 나라, 조직은 융성할 것이다.

나라가 어지러운 것은 위정자가 정도를 벗어나 엉뚱한 짓들을 벌이기 때문이며, 이는 사람의 눈과 손가락을 두렵게 여기지 않는 오만함 때문이다. 그러나 민심은 아무런 힘도 없는 것처럼 보이지만 한 번 움직이기 시작하면 무엇보다 무섭다. 우리는 이미 그것을 경험했다.

『대학』에서는 "소인배들에게 국가를 다스리게 하면 결국 재해가 한꺼번에 닥쳐온다. 그러면 유능한 사람이 있다 하더라도 어쩔 수 없는 사태에 이르고 만다"고 했다.

작금의 이 나라 사정에 딱 들어맞는 말이 아닐 수 없다. 정권을 잡고 임기의 절반도 지나지 않았건만 수도 없는 재난이 이 땅을 할퀴고 지나갔다. 수많은 젊은 목숨들이 골목길에서 한꺼번에 깔려 숨지는 일이 벌어지고, 빗물이 들어찬 지하차도에 갇혀 사람들이 익사하고, 젊은 해병이 잘못된 명령으로 생목숨을 잃고, 월례행사처럼 전세기를 띄우건만 외교는 놀림거리를 제공하는 무대가 되고 있을 뿐이고, 경제는 기둥뿌리가 휘청거릴 지경이고, 의료대란으로 응급환자들이 뺑뺑이를 돌다가 목숨을 잃는다. 요즘엔 VVIP의 범죄 혐의가 담긴 녹취록이 까이고 혹은 까겠다고 협박하면서 시끌벅적하다.

영원히 어둠 속에 감출 수 있을 것이라고 생각했겠지만 상황이 변해 어둠에 잠겼던 곳에 빛이 들면 하나씩 드러나기 마련이다. 박근혜 정권이 그렇게 무너졌다. 이번 정권이라고 다를까? 매일매일 영원한 비밀은 없다는 말이 증명되고 있다. 점점 더 많은 것들이 드러나게 될 것이다.

모야무지暮夜無知라 했다. 밤이 깊어 아무도 알지 못한다는 뜻이다. 후한後漢의 왕밀이란 사람이 양진楊震을 찾아가 황금을 선물하며 "지금은 밤이라 아무도 아는 사람이 없다."라고 말한 데서 뇌물이나 선물을 몰래 주는 걸 일러 '모야무지'라 하게 되었다고 한다. 왕밀의 말을 들은 양진은 "하늘이 알고 땅이 알고 그대고 알고 또 내가 아는데 어째서 아는 사람이 없다고 하는가?"라고 꾸짖었다고 하는데, 비단 정치인뿐 아니더라도 유혹을 앞에 두고 마음이 흔들린다면 생각해 봐야 할 일이다.

열 개의 눈이 지켜보고, 열 개의 손가락이 가리키니 이 얼마나 두려운 일인가.

一以貫之
일이관지

『논어』「위령공」

子曰 賜也 女以予 爲多學而識之者與

對曰 然 非與 曰 非也 予 一以貫之

자왈 사야 여이여 위다학이식지자여

대왈 연 비여 왈 비야 여 일이관지

공자가 말했다.

"사(賜, 자공)야, 너는 내가 많이 배우고

그것을 다 기억하는 사람이라고 생각하느냐?"

자공이 "네! 그러지 않으십니까?" 라고 답하자, 공자가 말했다.

"아니다, 나는 하나로써 만물을 꿰뚫는다."

나는 초지일관하는 사람

『논어』에서 '일이관지'라는 말은 이인편과 위령공편에서 각각 등장한다. 공자는 같은 말을 증자와 자공에게 하였지만 돌아온 대답은 달랐다. 증자는 공자의 말을 즉시 알아들었지만 자공은 그러질 못했던 것이다. 두 제자의 배움의 깊이 혹은 사고의 차이가 있음을 알 수 있을 것 같다.

공자가 "삼(參. 증자)아, 내 도는 하나로써 만물을 꿰뚫는다."라고 하자, 증자는 "네!" 하고 대답했는데, 공자가 방에서 나가자 문인들이 증자에게 무슨 말씀인지 물었다.

증자가 대답했다.

"스승님의 도는 충忠과 서恕뿐이다."

부처가 꽃을 들자 가섭이 미소를 지은 것처럼 증자는 스승의 말을 찰떡처럼 알아듣는다. 그래서 증자는 스승이 초지일관 '충과 서' 두 가지만을 붙들고 늘어지는 사람이라고 말하고 있는 것이다. 김경일 교수도 '일이관지'를 두고 '하나를 하면 끝까지 하는 사람'으로 해석하고 있는데, 사실 공자가 자신을 두고 '세상만물을 꿰뚫고 있다'고 낯간지러운 말을 했을 것 같지는 않으니 일리 있는 해석이라는 생각이 든다. 물론 김경일 교수는 '끝까지'라는 말이 가지고 있는 위험성 또한 지적하고 있지만.

'하나로써 만물을 꿰뚫는다—以貫之' 함은 하나의 이치, 즉 원칙이나 기준, 잣대로 만물을 파악하고 대응한다는 뜻이다. 그러기 위해서는 그 '하나의 도道'가 만물의 존재 원리를 모두 아우르는 최상위의 가치를 포용하여야 할 것이다. 공자의 그것은 충忠과 서恕라고 증자는 파악하고 있다. 여기서 충忠은 흔히 말하고 있는 군주나 나라에 대한 충을 말하지 않는다. '마음의 중심', 무엇에도 흔들리지 않고 변치 않는 마음, '본중심'을 말한다. 그러므로 충을 이루기 위해서는 먼저 자신의 뜻을 올바르게 세워야 하고, 또 그것이 쉬이 흔들리지 않도록 부단히 다잡아야 한다.

한편 서恕는 용서 혹은 관용을 의미한다. 『논어』에서는 '서'를 이렇게 설명하고 있다.

자공子貢이 공자에게 물었다.

"제가 평생 동안 실천할 수 있는 한마디의 말이 있습니까?"

공자가 답했다.

"그것은 바로 서恕이다. 자신이 원하지 않으면 다른 사람에게도 하지 말아야 한다."

중요한 것은 한 평생을 살아가면서 끝내 놓지 않는, 놓을 수 없는 가치를 가슴에 품고 있는가이다. 그것이 어떤 가치일지는 각각의 사람마다 다를 터이다. 누군가에겐 돈이 될 수 있고, 권력이 될 수 있고, 명예가 될 수 있고, 사랑이 될 수 있고, 평화가 될 수도 있다. 그 가치가 옳은 것인지 그른 것인지에 대해서는 나라고 알 턱이 없다. 다만 자기만의 잣대를 세우지 못했거나 세웠더라도 이리저리 부평초처럼 흔들리지 않는 것이 중요하지 않을까, 생각해 본다.

나를 돌아본다. 당연히 가슴속에 품은 뜻이 감히 공자의 충과 서에 가까이 가지는 못한다고 할지라도 인류 보편적인 가치에 닿아 있는 삶에서 벗어나지 않는 삶을 살고 싶다. 돈도 좋아하고, 명예도 좋아하고, 그다지 도덕적인 완결성과는 거리가 멀기도 하지만 그럼에도 인간의 길에서 멀어질 수는 없는 일이다. 천성이 다투는 것을 저어해서 '화이부동'하고 싶지만 살아가노라면 시시때때로 그 길에서 벗어나곤 하는 자신을 본다. 그래서 늘 씹고, 씹고 또 씹어 삼켜서 몸의 한 부분이 되어야 하리라.

아는가. 어느 때인가는 홀로 있어도 부끄러운 짓을 하지 않게 되는 날이 오게 될지도.

君子而時中
군자이시중

『중용』

君子中庸也, 君子而時中; 小人之中庸也, 小人而無忌憚也

군자중용야, 군자이시중. 소인지중용야, 소인이무기탄야

군자가 중용을 몸소 실천할 수 있는 것은

언제나 중용에 거하기 때문이고,

소인배가 중용을 거부할 수밖에 없는 이유는

멋모르고 함부로 행동하기 때문이다.

중용은 특수한 사람만의
전유물이 아니다

문자적으로 해석하자면, 중용은 한편으로 치우치지 않음이다. 하지만 중용이 양비론인가? 그건 아닐 것이다. 선과 악, 옳음과 그름 사이에서 중간자적 입장에 선다면 그는 회색인간이고, 기회주의자에 불과할 것이다.

중용의 주체는 나 자신이다. 그 중심에 놓여 있는 것이 바로 '신독愼獨'이다. 홀로 있어도 부끄러운 행동을 하지 않을 만큼 스스로를 닦는 자, 그가 바라보는 '중용'은 편협하지 않은 마음자리에서 바라보는 불편부당이기에 중용은 결코 쉬운 일이 될 수 없는 것이다.

자신의 감정이나 기분에 휘둘리지 않고, 균형 있는 감정 조절을 통해 분위기를 조화롭게 만들 수 있는 사람, 바로 그가 중용의 이치에 닿아 있는 사람이 아닐까? 생각해 보면 살아오는 동안 꽤나 만나고 교류해 왔던 사람들 중에서도 그런 이들이 많았다. 가깝게 지내는 친구들 중에서도 이런 사람은 있었고, 모임에 나가 서로 어울리는 동안에도 이런 사람들을 만날 수 있었다.

이 말은 무얼 뜻하는가. 고전의 유명한 책에 나오는 말이라고 해서 그 대단한 이름 앞에 기죽어 깊고 높은 함의가 담긴 금과옥조라 여길 필요는 없음이다. 김경일 교수는 중용을 두고 이렇게 말한다.

"중용을 특정한 사람들의 특정한 능력으로 생각하는 것은 실수다. 그것은 하나의 완성된 제품이 아니며, 고정된 기술도 아니다. 더더구나 허황된 철학도 아니다. 중용은 현장감 가득한 처세술이지만, 순간을 모면하기 위한 처세술은 아니다. 현실에 쉽사리 적용할 수 있는 마음 쓰기지만 현실만을 위한 마음 쓰기도 아니다."

『중용』에 이런 말이 있다.

'공자가 말하기를 도가 행해지지 않는 까닭을 내가 알겠도다, 똑똑하다고 생각하는 자는 지나치며 어리석은 자는 미치지 못하기 때문이다.'

과유불급과 서로 통하는 말이다. 사람은 기본적으로 돋보이고 싶어 하는 존재라서, 스스로 똑똑하다고 생각하는 사람들은 튀지 않는 걸 배기지 못한다. 스스로 선택받은 존재라고 자부하는 경향이 있어서인지 평범한 일상은 거들떠 보지도 않는다. 드러나는 것들에 정신을 쏟고, 남들이 나를 찬양하는 소리에 집중하다 보니 정작 내면은 허약하기 짝이 없다. 자신이 돋보이고 우월한 존재로 군림하는 것에만 관심이 있으니 다른 사람과의 관계나 그 분위기에 대해서는 신경 쓰지 않는다. 결국 그는 소외된다.

그럼 어리석은 사람은 어떤가.

그 역시 자기와 주변에 대해 관심이 없다. 내가 어떤 말을 하고, 내 말이 어떤 영향을 끼칠 것인지 아랑곳하지 않으니 그로 인해 벌어지게 될 참사는 깊이 생각해 보지 않아도 뻔하다. 함께 하는 사람에게 상처를 주고,

혹은 후벼 파고, 분위기 깨는 데는 발군인 것이다.

"중용의 도는 처세의 도며 삶 속의 태도다. 생활 속에서 울고 웃고 부대끼지만 자신의 평정을 잃지 않고 타인에게 상처주지 않는 태도가 바로 중용의 처세이며, 도의 세계다."

김경일 교수의 말이다.

중용은 엄청난 능력을 요구하는 것이 아니라는 것이다. 단지 마음 쓰기를 따뜻이 하고, 말을 유연하게 하는 것이며, 내가 하고 싶어 하지 않는 것을 강요하지 않고, 적어도 누군가 해야 할 일임에도 내가 하고 싶지 않다면 방해는 하지 않고 험담을 하지 않는 것이다.

고전을 읽으며 생각의 근육을 키우는 일은 옛일을 반추해 스스로를 닦기 위함이다. 거창한 이념과 진리를 찾는 고담준론의 세계에서가 아니라 내가 살고 있는 현실 세계에서, 내가 놓여 있는 처지에서 조금씩이라도 더 나은 길을 찾고자 하는 노력이다.

그런 면에서 중용은 조금은 더 현실의 나와 닿아 있는 것처럼 느껴진다. 당연하게도 내가 가고자 하는 길이 중용의 길이 되기 위해서는 나의 잣대가 비틀려서는 안 되리라. 불편부당의 올바른 시각을 잃지 않기 위해서 애를 쓰는 하루하루를 보내야 하지 않을까 싶어, 마음을 다잡아 본다.

공자가 인생에 답하다

言顧行 行顧言
언고행 행고언

『중용』

言顧行 行顧言

언고행 행고언

말을 하려면 앞으로 할 행동을 생각하고,

행동을 하려면 앞으로 할 말을 생각하라.

말은 행동을 살피고

말과 행동이 일치하는 사람은 신뢰를 얻는다. 반대로 말과 행동이 어긋나서 말 따로 행동 따로인 사람을 신뢰하기는 어렵다. 정치인들의 선거공약을 보고 믿는 사람들이 적은 것은 과거 오랫동안 그들의 말이 그저 헛소리, 공염불에 불과했음을 알고 있기 때문이다.

말과 행동이 한 가지로 일치해 말은 행동을 살피고 행동은 말을 살피며 살아간다는 게 어디 쉬운 일이겠는가. 일부러 거짓을 지어 말하지 않기도 쉽지 않은 게 삶의 길이다. 그럼에도 '언고행, 행고언'이 여섯 글자를 곱씹어보는 것은 어제의 잘못을 되짚어 반성하고 다시금 언과 행에 좀 더 신중해야겠다는 다짐이다.

공자는 말했다.

"군자는 말이 행동보다 앞서는 것을 부끄러워한다."

이게 무슨 말인가.

교언영색 하는 말로 사람들을 현혹하려는 자는 군자가 아니라는 것이다. 잠시 매끄러운 헛바닥으로 사람들의 이목을 끌어들여 자신이 대단한 무언가를 이루었다고 홀로 착각할 수는 있으나 진실은 가려질 수 없으니, 혹은 가려진들 홀로 있음에 그 부끄러움을 견딜 수 없는 사람인 것이다.

그러니 말을 할 때 내가 하는 말이 내 행동과 부합하는가를 늘 살펴야 하고, 행동을 할 때는 내가 한 말과 어긋난 점이 없는지를 늘 살핀다면, 그는 과연 훌륭한 인품을 갖춘 사람일 것이다.

사실 말과 행동이 서로 따르지 않으면 자신의 말을 자신이 논박하는 일조차 흔하게 벌어진다. 그것은 자신이 무슨 말을 하고 있는지조차 인지하지 못하기 때문이다.

공자는 '눌언민행訥言敏行'이라 했다. 말은 더듬더듬 어둔하게 하되 행동은 민첩해야 한다고 한다. 쉽게 약속을 하고 말이 청산유수인 사람은 아무래도 믿음성이 부족하고 실천이 그만큼 따르지 못하는 경우가 많다. 실행이 느린 사람은 결단력이 부족하거나 행동력이 부족한 사람이기 쉽다. 대부분의 사람은 오히려 눌언민행과 반대로 하는 일이 많다. 말을 앞세우고 정작 행동으로 옮길 때는 미적거리거나 아예 잊는다. 나라고 다르지 않았다. 누군가의 부탁을 받고는 "당연히 해 드려야지요."라며 약속을 하고는 차일피일 미뤘던 적도 많았다. 아마도 그에게 내 신뢰는 꽤나 깎여나갔을 것이다.

다석 류영모 선생에 관해 읽다가 이런 글을 보았다.

"하루를 산다는 것은 어떤 말을 하고 어떤 짓을 하는 것입니다. 오늘 내가 어떤 말을 했고 어떤 짓을 했는가에 따라 나의 삶은 심판을 받습니다. 누가 심판을 하는 사람이 있는 것이 아니라 나 스스로 심판을 받습니다. 그러므로 언고행하고 행고언해야 합니다."

사실 말과 행동이 일치하는가 아닌가는 신뢰의 바탕이다. 신뢰는 우리가 살아가는 종잣돈과도 같은 것이다. 직장생활을 하더라도 동료 간에 신뢰를 잃는다면 설 곳이 없고, 작은 식당 하나를 운영해도 믿을 만한 식당인지 아닌지에 따라 흥하고 망한다. 집안이라고 해도 다르지 않다.

　눈앞의 이익을 탐해서 말을 앞세우고 그 말을 뒤집는 걸 여반장으로 한다면 결국은 무인도에서 '나는 자연인이다'나 찍어야 할 것이다. 그래서 늘 잊지 말아야 할 것은 이 여섯 글자다.

　'言顧行 行顧言언고행, 행고언.'

　자주 생각하고, 눈에 띄는 곳에 적어 붙여놓으니 조금씩 몸에 익고 생각에 익는다. 그렇게 함부로 말하고 함부로 행동하는 일이 적어지는 것이다.

和而不流, 中立而不倚
화이불류, 중립이불의

『중용』

君子 和而不流, 强哉矯! 中立而不倚, 强哉矯!

군자 화이불류, 강재교! 중립이불의, 강재교!

군자는 조화를 이루지만 절대 휩쓸려 흘러가지 않으니,

이 얼마나 강하고 굳센가!

중용의 위치에 확고히 서서 흔들리지 않으니,

이 얼마나 강하고 굳센가!

진정한 강함이란

공자의 제자 자로가 강함에 대해 묻자, 공자는 이렇게 되묻는다.

"남방의 강함을 묻는 것인가? 북방의 강함을 묻는 것인가? 아니면 너의 강함을 묻는 것인가?"

정글의 법칙, 즉 약육강식. 강한 자가 약한 자를 잡아 먹는 먹이사슬이 자연의 법칙이라는 말은 이미 진부하다. 강한 자만 살아남는다는 이러한 자연 법칙은 인간 삶에서라고 하여 벗어나지 못한다. 수천 년 역사가 흘러오는 동안 온갖 제도와 법으로 수정해 보고자 애를 써도 그 틀에서 크게 벗어나는 법이 없었다.

그런데, 오히려 제도와 법이 이를 용인하고 조장한다

면 그 결과는? 그 사회는 끔찍해진다. 오늘날의 대한민국, 점점 더 그런 사회를 향해 나아가고 있는 것은 아닐까?

'어떻게 하면 강한 자가 될 수 있을까?'
그래서 성격 급하고 직선적인 언변에 과감한 행동파였던 자로는 '강한 것은 무엇인가?'를 물었던 것이다.
공자는 이렇게 덧붙인다.

"너그러움과 부드러움으로 가르치고, 예의 없는 행동에도 보복을 하지 않는 것이 남방의 강함이다. 군자는 이러한 강함으로 처신한다. 반면에 창칼과 갑옷을 깔고 누워 자면서도 죽음을 두려워하지 않는 강함은 북방의 것이다. 강폭한 사람이 이런 강함으로 처신한다."

공자는 북방의 거친 강함보다 남방의 끈질긴 생명의 힘, 낭창거리지만 질긴 강함을 선호하는 것으로 보인다. 그래서 '군자는 남방의 강함으로 처신한다'고 말

한 것이다. 군사력으로 패권을 차지한 나라와 문화로
세계를 리드하는 나라로 치환해서 생각해도 큰 무리는
없을 것 같다.

이어서 공자는 말한다. "군자는 조화를 이루지만 절
대 휩쓸려 흘러가지 않으니 이러한 강함이 진정한 강
함"이라고. "중용의 위치에 확고히 서서 흔들리지 않으
니 이러한 강함이 진정한 강함"이라고.

'화이불류和而不流.' 자신의 본중심을 지키되 주변과 조
화를 이룰 줄 아는 태도가 바로 강함이며 또한 유연함
이다. 강하면 들이받기 마련이고 풀잎은 바람이 불면
저 먼저 눕는다. 하지만 진정한 강함이란 힘으로 누르
려 하지 않고, 부드럽게 대하면서도 거기에 휩쓸리지
않는 것이다.

물론 이것이 말처럼 쉬운 일일 리 없다.

나라고 벗어날 수는 없는 일이지만 대개의 사람들
이 가진 모습은 강한 것에는 쉽게 굽히고, 약한 것에는
힘을 내서 들이받는다. 요즘의 한국 사회를 보면 굳이
'화이불류'의 중용적 가치를 말할 게재도 되지 않는 것

같다. 힘과 권력을 가지고 있는 자에게는, 그가 온갖 비리에 대해 의심을 받고 불합리와 후안무치한 말과 행동을 하더라도 웃는 얼굴로 아첨하며 변호하고, '위대한'이라고 말하면서도 실상은 '하찮게' 보여지는 국민들을 향해선 눈을 부라리는 자들이 수도 없다. 그들이 가지고 있는 특징은 '스스로를 강자이자, 선택받은 인간 정도로 인식하고 그 힘을 과시하는 데 열중한다'는 데 있다. 이들, 얼굴 가죽 두꺼운 자들이 진정으로 강한 자일까?

아니다. 잠시 잠깐 여름 마당에 널린 지푸라기를 날리다가 사라지는 돌개바람에 불과하다.

공자가 말하는 진정한 강함은 중용에서 오는 것. 사사로운 이익이나 감정 따위에 휩쓸리지 않고 중용의 처신으로 균형을 유지하는 것, 그것이 진정한 강함이라는 것이다.

중용을 말하면, 언뜻 이 편도 들지 않고 저 편도 들지 않는 심판의 모습을 연상할 수도 있겠다. 하지만 중용의 미덕이 정 가운데 가만히 머무는 것은 아닐 것이다.

진보적 의제도 아니고 보수적 의제도 아닌, 양비론적 태도를 중용이라고 말할 수는 없다. 양비론적 태도는 그 어느 길보다 쉬운 길이지만 중용의 길은 어렵다. 그 것은 기술적인 중간자 입장이 아니라 진리에 대한 올바른 태도를 가지고 진리의 길에 서는 것이기 때문이다. 그러하기에 중용의 길은 어렵고 때로는 외로운 길일 수도 있으리라. 나는 그렇게 믿는다.

그래서 오히려 더 진리에 향해 눈을 밝히고 '힘껏 달리다가 푹 쓰러지지는' 못하더라도, 그런 이들을 향해 박수를 쳐 주고 나 또한 용기를 내어 한 걸음이라도 다가서는 삶의 길을 가보자고 새삼 마음먹는다.

國有道, 不變塞焉, 强哉矯! 國無道, 至死不變, 强哉矯! 국유도, 불변색언, 강재교! 국무도, 지사불변, 강재교!

나라에 정의가 가득하여 쓰임을 받았지만 힘들었던 때 품었던 지조가 변치 않으니, 이 얼마나 강하고 굳센가! 나라에 정의가 무너져 죽을지언정 지조가 변치 않으니, 이 얼마나 굳세고 강한가!

뒤이어 나오는 중용의 글. 엄혹하다. 죽음보다 두려운 것이 있는가? 그러니 그것을 이기는 것보다 강한 것이 있는가? 노무현 대통령이 스스로 부엉이바위에서 몸을 던졌고, 박원순 시장과 노회찬 의원이 스스로 세상을 떠나갔다. 그들보다 더 엄청난 비리를 저지른 이들은 큰소리를 치며 오히려 성을 내는데, 그들이 스스로의 목숨을 거둔 것은 왜일까? 무엇이 그들로 하여금 세상을 버리도록 하였을까? 눈 한 번 질끈 감고 뻗대면 시간 속에서 드러날 진실은 드러나고 다들 잊을 건 잊어가지 않았겠는가.

타협하는 것으로 휩쓸리지 않고 죽음으로써 스스로 지켜내는 사람은 강한 사람이다. 변절해서 목숨을 지키는 일이 죽음의 길을 선택하는 것에 비해서는 훨씬 쉬운 일일 것이다. 그래서일까? "죽은 자만 억울하고 바보 같은 짓"이라고 말하는 이도 보았다.

스스로를 죽임으로써 자신을 지키고자 했던 사람의 모습은 패배자처럼 보인다. 일견 초라해 보이기 쉽다. 역사에도 이와 같은 이들이 적지 않게 등장한다. 성삼문을 비롯한 사육신, 매천 황현과 충정공 민영환, 안중근 의사와 5월 광주 거리에서 목숨을 잃은 이들⋯ 그들은 초라함과 비참 지경 속에서 목숨을 잃었다.

그러나 더 이상 그들은 초라하지 않다. 죽음이 삶을 이겼으니, 결국 그들은 강한 사람들이었다. 강한 것과 약한 것은 한순간 스쳐 지나는 외피로 판단할 일이 아닌 것이다.

어쩌면 우리가 강해지는 힘은 원칙, 진리를 향한 태도에서 나오는 것일지도 모르겠다는 생각이 든다. 작지만 자신이 지키고자 하는 가치를 꿋꿋이 지키고 다져가는 데서 아름다운 삶의 내공도 쌓이는 것은 아닐까, 생각해 본다. 용기를 내서 진실을, 진리를 직시하는 마음을 깨워야겠다.

꼬리말

가뭄에 콩 나듯 블로그 문을 열고 들어가노라면,
오랫동안 비워놓은 빈집 같아서
생각이 날 때마다 한 편씩 글을 써서 올렸다.
글씨를 배우면서 쓸 만한 글귀를 추리기도 했고,
때론 좌우명이나 곁에 두고 오래 씹을 만한 글귀를
들어내기도 했다.

오랫동안 글이라는 것과 더불어 인생을 살아오기는
했지만
한문학을 공부한 것도 아니요,
동양고전에 일가견이 있는 처지도 아니었으므로
책으로 묶을 것이라고는 생각지도 않았다.
그저 일기를 쓰듯 가끔씩 고전을 읽으며 들추어낸

하나의 화두를 가지고

생각을 풀어보았을 뿐이었다. 그러니 이 책에 대단한 무엇인가를 내가 집어넣었을 턱은 없다.

그럼에도 몇몇 고전에서 건져올린 짧은 글귀 한 줄 한 줄들은

천천히 곱씹어 보면 좋겠다는 생각이다.

그대와 나는 같은 재료를 가지고 각자의 요리를 만들고 있다.

인생이라는 풍요로운 식탁을 차리기 위해.

공자가 인생에 답하다

공자가 인생에 답하다

지은이   한민

사 진   한민

발행일   2024년 11월 29일 초판 1쇄

펴낸이   양근모

펴낸곳   도서출판 청년정신

출판등록   1997년 12월 29일 제 10-1531호

주 소   경기도 파주시 경의로 1068, 602호

전 화   031) 957-1313 팩스 031) 624-6928

이메일   pricker@empas.com

ISBN   978-89-5861-245-2 (13120)